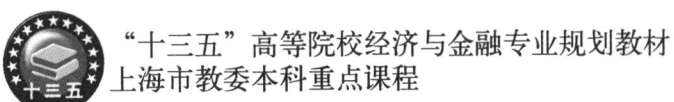

"十三五"高等院校经济与金融专业规划教材
上海市教委本科重点课程

计量经济学实验教学案例

陶爱元◎编著

图书在版编目(CIP)数据

计量经济学实验教学案例/陶爱元编著. —上海：立信会计出版社,2019.1(2020.11 重印)
"十三五"高等院校经济与金融专业规划教材
ISBN 978-7-5429-6019-1

Ⅰ.①计… Ⅱ.①陶… Ⅲ.①计量经济学—案例—高等学校—教材 Ⅳ.①F224.0

中国版本图书馆 CIP 数据核字(2018)第 297471 号

策划编辑　　方士华
责任编辑　　方士华
封面设计　　南房间

计量经济学实验教学案例

Jiliang Jingjixue Shiyan Jiaoxue Anli

出版发行	立信会计出版社			
地　　址	上海市中山西路 2230 号		邮政编码	200235
电　　话	(021)64411389		传　　真	(021)64411325
网　　址	www.lixinaph.com		电子邮箱	lixinaph2019@126.com
网上书店	http://lixin.jd.com		http://lxkjcbs.tmall.com	
经　　销	各地新华书店			
印　　刷	上海肖华印务有限公司			
开　　本	787 毫米×1092 毫米	1/16		
印　　张	10.5			
字　　数	250 千字			
版　　次	2019 年 1 月第 1 版			
印　　次	2020 年 11 月第 2 次			
印　　数	2 101—4 200			
书　　号	ISBN 978-7-5429-6019-1/F			
定　　价	28.00 元			

如有印订差错,请与本社联系调换

前　言

目前，计量经济学已成为中国高校经济管理类专业必修的核心理论课程，计量经济学在中国经济学界也受到了越来越广泛的关注，计量方法在实证研究中被大量应用。然而，笔者基于十多年的计量经济学教学经验，发现学生们一直对计量经济学理论的理解及方法的应用都感到困惑，因此，为了改善计量经济学的教学效果，特此编著这本实验教学案例，以期让学生们能轻松掌握计量经济学理论知识及其在实际中的应用。

本书主要借助开源软件 gretl 来实施案例分析。为了更好地阅读和使用本书，读者可以先参看附录，以便能够初步了解该软件的使用。为了方便那些熟悉计量软件 EViews 的读者使用本书，本书每章的后面除了附上 gretl 的操作程序外，还附上了 EViews 的操作程序。本书涉及的计量经济学主要内容包括：线性回归分析、虚拟变量、多重共线性、异方差、自相关、分布滞后模型、时间序列模型、联立方程模型、分类选择模型和面板数据。每章主要包括学习目标、案例简介、案例分析、问题探讨与思考、练习和案例程序等几部分内容。

本书可以作为本科生计量经济学课程教学的配套同步实验教学教材，也可以作为对计量经济学感兴趣的自学者的参考书。

本书的特色和亮点在于：易读，既可以作为计量经济学的配套实验教学材料，也特别适合初学者作为学习计量经济学的辅助教材；可操作，结合 gretl 等软件的菜单和程序操作，学生可以轻松上手，从而令计量经济学的学习不再是枯燥的和无趣的；实用，所有案例都是精心挑选的，有一定的代表性，学生可以在学习中做到举一反三，进而达到熟练使用计量经济学的理论和方法。

由于笔者水平有限，书中一定存在不妥和错误之处，恳请读者批评指正。

陶爱元

上海立信会计金融学院

2019 年 1 月

请扫描二维码下载
EViews 程序、gretl 程序及
每章练习中所用数据

目 录

第一章	线性回归分析	1
第二章	虚拟变量	13
第三章	多重共线性	23
第四章	异方差	29
第五章	自相关	43
第六章	分布滞后模型	53
第七章	时间序列模型	61
第八章	联立方程模型	109
第九章	分类选择模型	119
第十章	面板数据	129
附录 A	gretl 软件简介	137
参考文献		160

第一章

线性回归分析

一、学习目标

通过对本章的学习,学生应掌握数据的输入,掌握线性回归分析的操作方法,能够进行相关的检验,并能对回归结果加以分析和解释,同时会利用建立的线性回归模型进行预测和决策。

二、案例简介

这部分介绍简单线性回归模型和多元线性回归模型的应用案例,包括股票价格和利率之间的关系、商业银行不良贷款比例的影响因素分析等。

股票价格和利率是重要的经济指标,经济理论表明它们之间有着密切的联系,而且实际的研究结果也证实,股票价格和实际利率之间存在反向关系。一般来讲,实际利率下降将促使股票价格上升;而实际利率水平上升,则会促使股票价格下降。[案例1.1]通过相关数据,对两者之间的关系进行了实证分析。

对于商业银行不良贷款比例的影响因素,除商业银行自身经营管理等原因外,国内国际的经济形势显然是不可忽略的,[案例1.2]中分析了实际GDP及外汇对中国商业银行不良贷款比例的影响。

三、案例分析

【案例1.1】 为了研究两个重要的经济指标股票价格(Y)和实际利率(X)之间的关系,通过收集相应的数据对此进行研究分析。利用上证综合指数2007年的月末价格数据度量股票价格,当年的1年期利率度量名义利率,利用CPI计算通货膨胀率,实际利率为扣税后的名义利率与通货膨胀率之差。处理好的具体数据如表1-1所示。根据所给数据估计出股票价格和实际利率的线性回归模型,并对结果作相应分析,同时预测下一个月份的实际利率为-3%时股票的价格,并给出其95%置信水平下的预测区间。

表1-1　　　　　　　　　　　股票价格和实际利率

时间	实际利率	股票价格(元)
200701	-0.184%	2 786.33
200702	-0.684%	2 881.07
200703	-1.068%	3 183.98
200704	-0.768%	3 841.27
200705	-0.952%	4 109.65
200706	-1.952%	3 820.70
200707	-2.936%	4 471.03

(续表)

时间	实际利率	股票价格（元）
200708	－3.08%	5 218.83
200709	－2.524%	5 552.30
200710	－2.824%	5 954.77
200711	－3.224%	4 871.78
200712	－2.567%	5 261.56

1. 作散点图、参数估计

导入所给数据，利用 gretl 软件，作股票价格和实际利率的散点图（见图 1-1）。

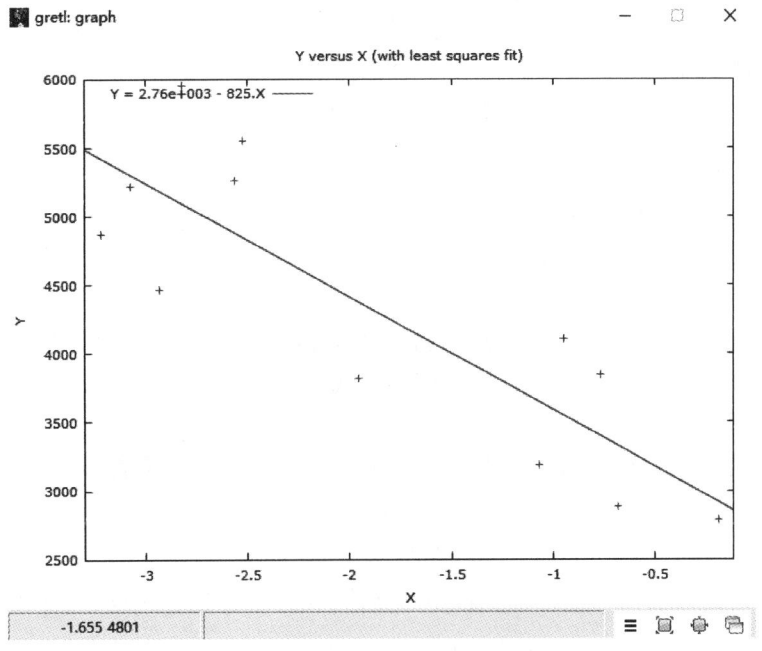

图 1-1　股票价格和实际利率的散点图

利用 gretl 软件作散点图时，会同时把拟合的直线添加上。由散点图可以看出，采用线性模型拟合是适合的，且两者之间的关系符合经济学理论，即呈现负相关关系。利用最小二乘法估计模型，得到的结果如图 1-2 所示。

根据图 1-2，得到估计的模型为：

$$\hat{Y} = 2\,763.99 - 825.262X \qquad R^2 = 0.722\,495$$
$$(7.884) \quad (-5.102)$$

括号内的数值为 t 值。

2. 检验

回归方程检验：

根据图 1-2 的回归结果，F 统计量观测值为 26.035 37，对应 P 值为 0.000 462（显著性

水平 α 通常取 0.05),说明因变量和自变量的总体线性关系显著(在软件操作中,假设检验时一般都是基于 P 值来做决策,即 P 值小于给定的显著性水平 α 时,拒绝原假设)。

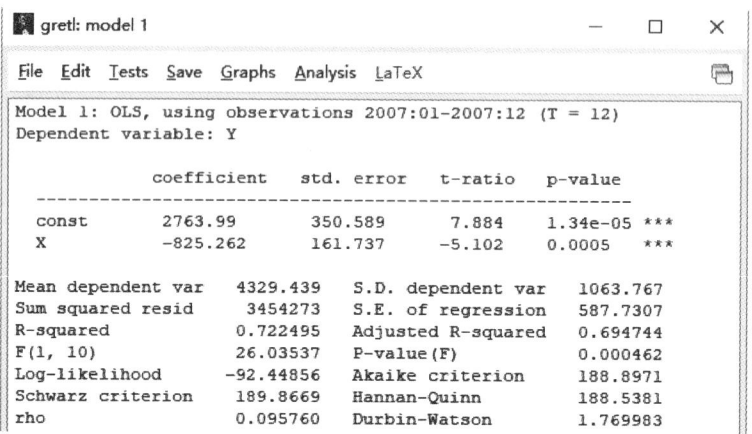

图 1-2 股票价格对实际利率的回归结果

回归系数检验:

自变量 X 前的系数估计对应的 P 值为 0.000 5,因此,即使在 1% 的显著性水平下,自变量对因变量的影响都是高度显著的。

拟合优度检验:

拟合优度是指回归直线对样本观测值的拟合程度,这里 R^2 的值为 0.722 495,表明股票价格总离差平方和,有 72.2% 能够被样本回归直线解释。

3. 系数解释

自变量 X 数值前面的负号表明 X 对 Y 有负的影响。估计结果表明,在其他条件不变的情形下,实际利率增加 1% 会使股票价格降低 825.262。

4. 预测

在 gretl 软件主窗口,点击菜单 Data→Add observations,弹出窗口如图 1-3 所示。

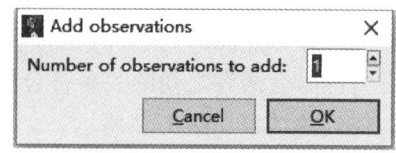

图 1-3 增加观测值数目

点击 OK。回到 gretl 软件主窗口,点击菜单 Data→Select all,再点击菜单 Data→Edit values,输入自变量 X 新增加的观测值(Y 的数值不用输入),如图 1-4 所示。

观测值输入完成后,光标移动到别处,等图 1-4 中的图标 变亮,点击该图标,然后关闭这个数据编辑窗口。回

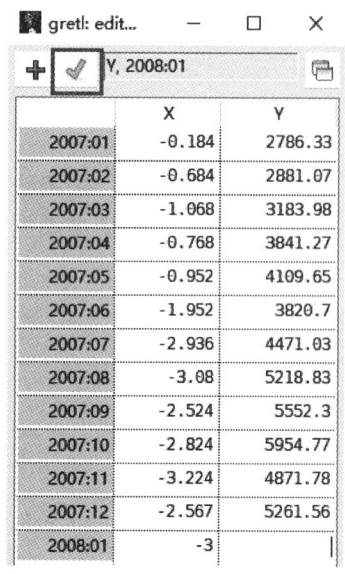

图 1-4 数据编辑窗口

到模型结果窗口,点击菜单 Analysis→Forecasts…,如图 1-5 所示。

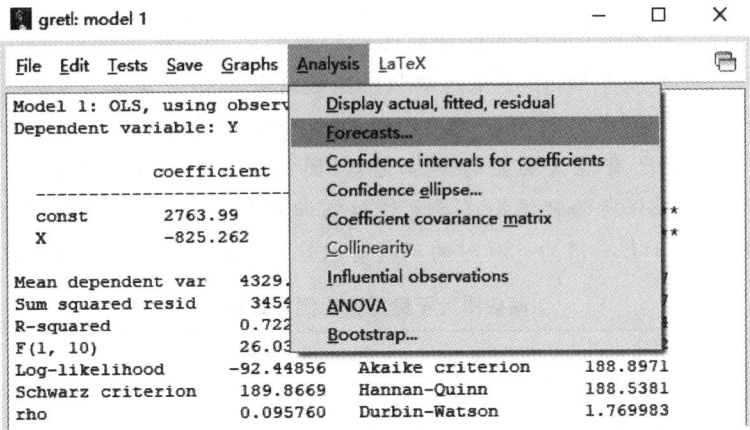

图 1-5　模型结果窗口

弹出预测窗口如图 1-6 所示。

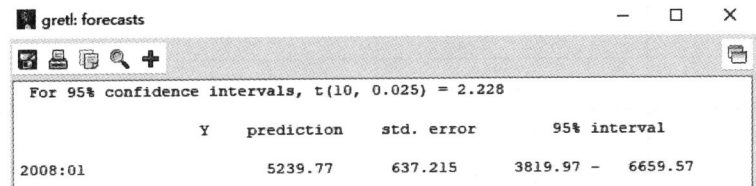

图 1-6　预测窗口

点击 OK,得到预测结果如图 1-7 所示。

图 1-7　预测结果

这表明当下个月度的实际利率为 -3% 时,得到该月度股票价格的预测值为 5 239.77,预测标准误为 637.215,95% 置信水平下的股票价格预测区间为[3 819.97,6 659.57]。

【案例 1.2】 中国商业银行不良贷款比例的影响因素分析。所用的商业银行加总数据都是季度数据,数据来自 Wind 资讯终端和中国统计年鉴等。具体涉及的变量包括:商业银行不良贷款比例(NPLR)、外汇汇率(美元兑人民币,EX)和实际 GDP(亿元)的对数(LGDP)。因为 LGDP 有较为明显的季节变动,因此对其进行了季节调整。处理好的数据,如表 1-2 所示。根据所给数据构建多元线性回归模型,并根据构建的模型进行预测,预测当 LGDP 值为 11.3,EX 值为 650 时的不良贷款比例,并给出其 90% 的置信区间。

表 1-2　　　　　　　　　　商业银行不良贷款比例等数据

时间	NPLR	LGDP	EX
200304	17.80%	10.46	827.67
200401	16.60%	10.50	827.71
200402	13.32%	10.52	827.66
200403	13.37%	10.59	827.66
200404	13.21%	10.59	827.65
200501	12.40%	10.65	827.65
200502	8.71%	10.8	827.65
200503	8.58%	10.72	809.20
200504	8.61%	10.76	807.02
200601	8.03%	10.80	801.70
200602	7.53%	10.83	799.56
200603	7.33%	10.87	790.87
200604	7.09%	10.91	780.87
200701	6.63%	10.96	773.42
200702	6.45%	11.00	761.55
200703	6.17%	11.03	751.08
200704	6.17%	11.09	730.46
200801	5.78%	11.09	701.90
200802	5.58%	11.14	685.91
200803	5.49%	11.17	681.83
200804	2.42%	11.19	683.46
200901	2.04%	11.21	683.59
200902	1.77%	11.26	683.19

1. 参数估计

根据表 1-2 的数据，利用 gretl 软件，可以得到商业银行不良贷款比例的拟合结果，如图 1-8 所示。这样拟合的模型为：

$$\widehat{NPLR} = 338.552 - 26.869\,7LGDP - 0.049\,531\,3EX \qquad \bar{R}^2 = 0.925\,789$$
$$(7.620) \quad (-8.535) \qquad (-3.593)$$

括号内的数值为 t 值。

2. 检验

回归方程检验：

根据图 1-8 的拟合结果，F 统计量观测值为 138.226 9，其对应 P 值非常小，说明因变量和自变量和的总体线性关系显著。

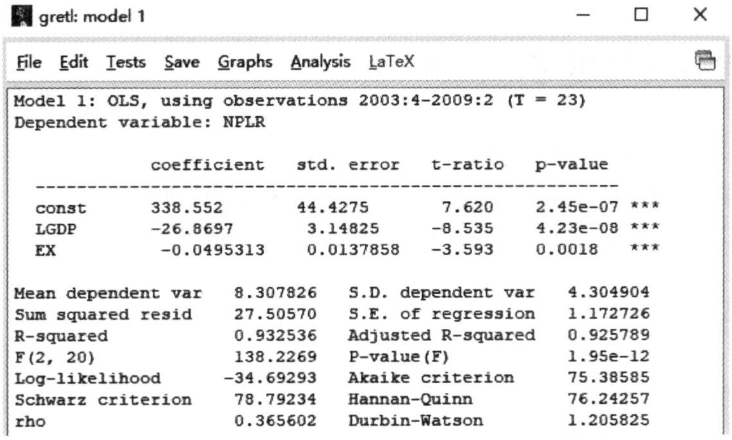

```
gretl: model 1
File  Edit  Tests  Save  Graphs  Analysis  LaTeX

Model 1: OLS, using observations 2003:4-2009:2 (T = 23)
Dependent variable: NPLR

             coefficient   std. error   t-ratio   p-value
  ---------------------------------------------------------
  const       338.552       44.4275       7.620    2.45e-07 ***
  LGDP        -26.8697       3.14825     -8.535    4.23e-08 ***
  EX           -0.0495313    0.0137858   -3.593    0.0018   ***

Mean dependent var   8.307826   S.D. dependent var   4.304904
Sum squared resid    27.50570   S.E. of regression   1.172726
R-squared            0.932536   Adjusted R-squared   0.925789
F(2, 20)             138.2269   P-value(F)           1.95e-12
Log-likelihood      -34.69293   Akaike criterion     75.38585
Schwarz criterion    78.79234   Hannan-Quinn         76.24257
rho                  0.365602   Durbin-Watson        1.205825
```

图 1-8　商业银行不良贷款比例的拟合结果

回归系数检验：

从各个自变量前系数估计对应的 P 值看，即使在 1%的显著性水平下，自变量对因变量的影响都是高度显著的。

拟合优度检验：

多元线性回归模型的拟合优度主要看 $\bar{R}^2$，这里 $\bar{R}^2=0.932\,536$，表明拟合效果不错。不过，由于右下角的 DW 统计量值为 1.205 825，表明模型中存在自相关问题，以及可能存在异方差等问题，后续章节会对异方差和自相关等问题进行讨论，这里对这些问题予以忽略。

3. 系数解释

从拟合的模型中可以看出，对数 GDP 对不良贷款比例有着非常显著的影响，回归系数为负，表示对数 GDP 的增加会带来商业银行不良贷款比例的降低。通常 GDP 增长反映了良好的经济形势，即在好的经济环境下，商业银行的不良贷款比例会有所降低。汇率的上升则会引起不良贷款比例的减少，这是由于所用的数据是美元兑换人民币的数据，因此，汇率上升意味着人民币贬值，这会增加出口，可促进本国旅游及有关贸易收入的增加，相应地会提高国内就业率及人均收入，从而也会减少商业银行的不良贷款比例。

4. 预测

如果 $LGDP$ 值为 11.3，EX 值为 650，那么可以根据构建的模型来预测不良贷款比例及其置信区间,类似于上面简单线性回归模型的操作,得到商业银行不良贷款比例的预测结果,如图1-9所示。

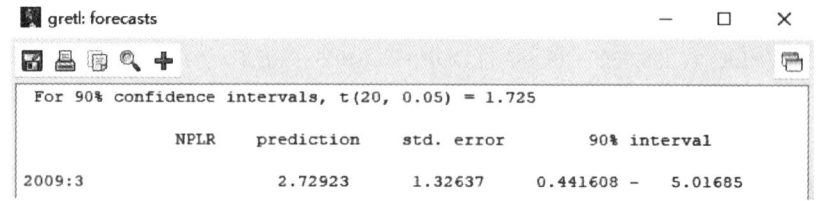

图1-9 商业银行不良贷款比例的预测结果

即下个季度不良贷款比例的预测值为2.729 23,预测标准误为1.326 37,90%置信水平下商业银行不良贷款比例的预测区间为[0.441 608,5.016 85]。

四、问题探讨与思考

1. 如何判断线性假定是否合适?
2. 回归系数的显著性检验和回归模型的显著性检验结果如何查看?
3. 均值和个别值的点预测和区间预测的差异性在哪里?

五、练习

对女性劳动参工率的决定因素进行定量分析,所用的变量有:

$wlfp$——16岁以上女性参工率;
yf——15岁以上女性收入中位数;
ym——15岁以上男性收入中位数;
$educ$——25岁以上女性初中以上学历占比;
ue——失业率;
mr——15岁以上女性结婚占比;
dr——15岁以上女性离婚占比;
urb——市区人口占比;
wh——16岁以上白人女性占比。

根据数据文件ex11.xls,估计如下的模型:

$$wlfp = \beta_0 + \beta_1 yf + \beta_2 ym + \beta_3 educ + \beta_4 ue + \beta_5 mr + \beta_6 dr + \beta_7 urb + \beta_8 wh + \varepsilon$$

并给出yf等自变量依次为17,30,80,6,55,10,60,65时,$wlfp$的预测值及95%置信水平下的预测区间。

六、案例程序

1. gretl 程序

【案例1.1】 在gretl软件中,可以直接利用程序运行[案例1.1]的数据分析,主窗口中依次点击菜单 File→Script files→New script→gretl script，如图 1-10 所示。

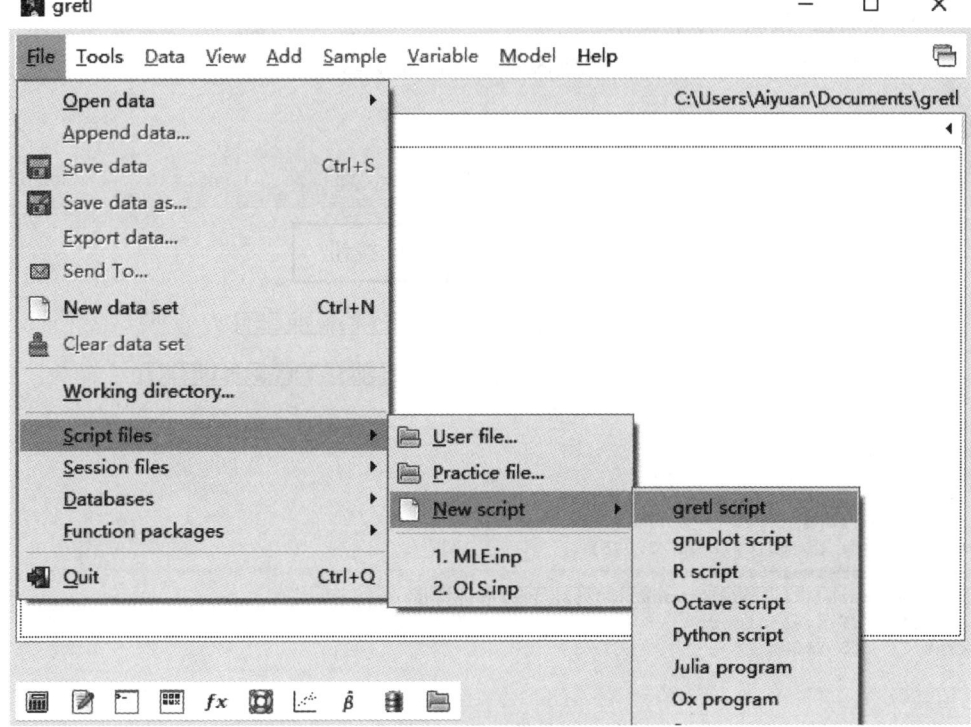

图 1-10　打开脚本程序输入窗口

在弹出的脚本程序输入窗口里面输入以下内容，如图 1-11 所示。

open E:\data\data11.xls

♯电脑 E 盘新建文件夹 data，把光盘中数据复制到 E 盘 data 文件夹（若放在其他盘，则只需改变路径即可）

setobs 12 2007:1 --time-series

"model 1"<-ols Y const X

♯截距项 const 也可以写成 0。引号一定要是英文格式的！

"model 1".show

♯查看估计结果。model 和 1 中间若没有空格，则可以不用加引号

addobs 1

scalar n = $nobs

scalar k = $nvars

X[n] = -3

fcast Yf --out-of-sample

scalar YF = Yf[n]

genr tval = critical(t,n-k,0.025)

genr YfL = YF-tval *$fcerr

♯这里 $fcerr 提取前面 fcast 得到的预测标准误

genr YfU = YF + tval *$fcerr

print YF YfL YfU

#打印预测值、预测下限和上限

注:#号后面是解释;gretl 软件严格区分字母的大小写!

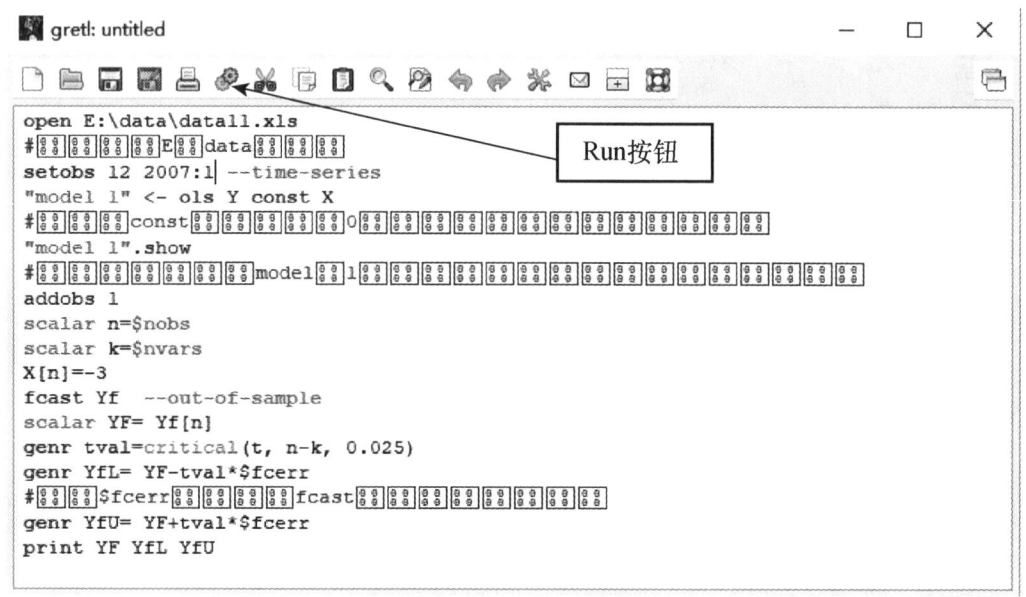

图1-11 脚本程序输入窗口

点击脚本程序输入窗口工具栏上的 Run 按钮，会得到 icon view、models 及 script output 等窗口,如图 1-12、图 1-13 和图 1-14 所示。

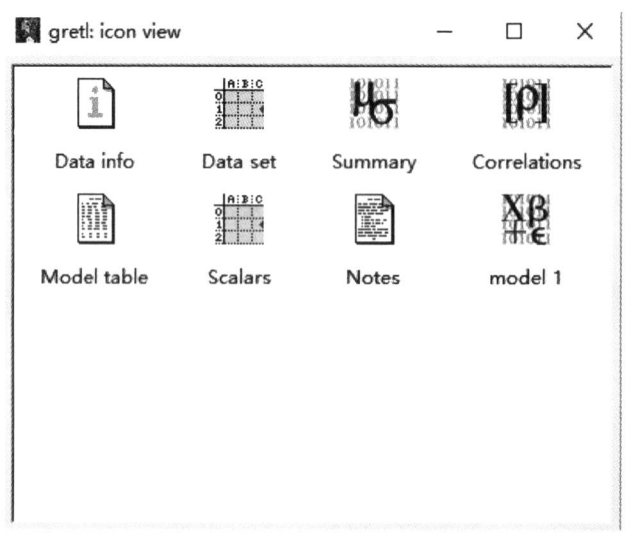

图1-12 图标查看窗口

在如图 1-12 所示的窗口中,双击每个图标就可以查看相应结果,如果程序运行时已产生相应结果的话。

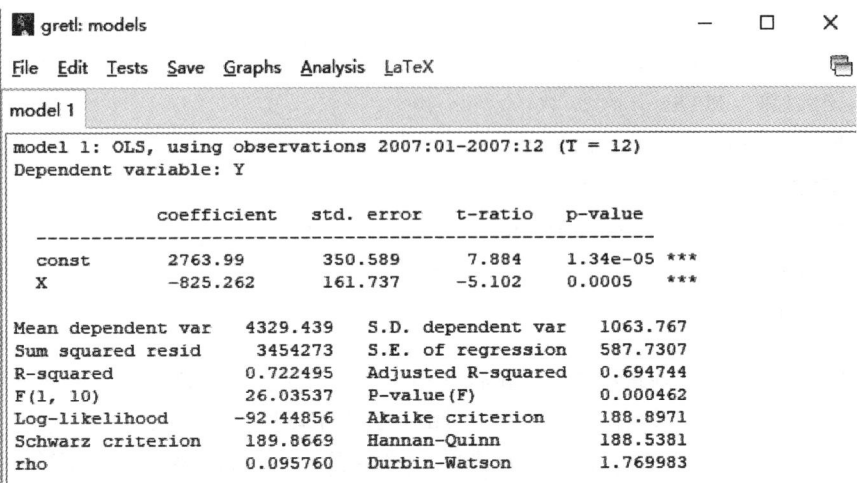

图 1-13　模型结果

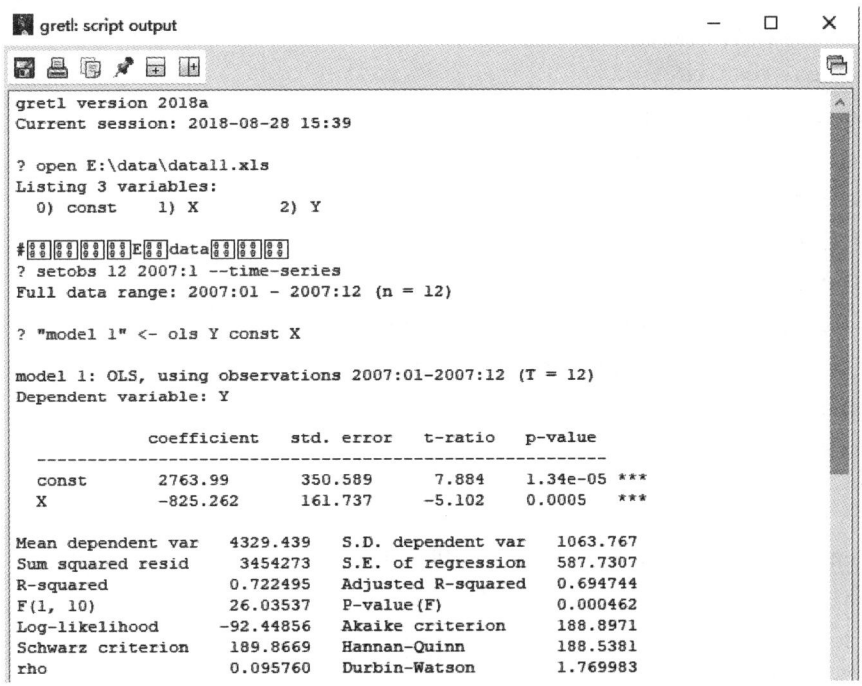

图 1-14　脚本程序输出结果

【案例 1.2】　［案例 1.2］的程序内容输入如下：

open E:\data\data12.xls

setobs 4 2003:04--time-series

"model 1"<-ols NPLR const LGDP EX

addobs 1

scalar n =$nobs

scalar k =$nvars

LGDP[n] = 11.3

```
EX[n] = 650
fcast NPLRf--out-of-sample
scalar NPLRF = NPLRf[n]
genr tval = critical(t,n-k,0.05)
genr NPLRfL = NPLRF-tval*$fcerr
genr NPLRfU = NPLRF + tval*$fcerr
print NPLRF NPLRfL NPLRfU
```

2. EViews 程序

【案例 1.1】 打开 EViews 软件,在软件的主窗口中,依次点击 File→New→Program,在弹出的窗口中输入如下的程序,然后点击 run,可以得到和 gretl 软件一样结果(部分结果因软件采用的公式不一样及算法上的差异有些许不同)。本书后面的所有 EViews 程序在 EViews 10 上都可以正常运行。应该注意的是,Eviews 软件中不区分字母的大小写!

```
wfopen E:\data\data11.xls @freq M 2007M01
equation eq1.ls y c x
freeze eq1.results
scalar n = eq1.@regobs
scalar k = eq1.@ncoef
pagestruct(end = @last + 1) *
x(n + 1) = -3
eq1.forecast yf s_se
genr yl = yf(n)-@qtdist(0.975,n-k)*s_se(n)
genr yu = yf(n) + @qtdist(0.975,n-k)*s_se(n)
group ex11 yf(n) yl yu
show ex11
```

【案例 1.2】

```
wfopen E:\data\data12.xls @freq Q 2003Q4
equation eq1.ls nplr c lgdp ex
freeze eq1.results
scalar n = eq1.@regobs
scalar k = eq1.@ncoef
pagestruct(end = @last + 1) *
lgdp(n + 1) = 11.3
ex(n + 1) = 650
eq1.forecast nplrf s_se
genr nplrl = nplrf(n)-@qtdist(0.95,n-k)*s_se(n)
genr nplru = nplrf(n) + @qtdist(0.95,n-k)*s_se(n)
group ex12 nplrf(n) nplrl nplru
show ex12
```

第二章
虚拟变量

一、学习目标

通过对本章的学习,学生应能够理解虚拟变量的设置,掌握虚拟变量模型的构建,并能对结果加以分析和解释,并掌握 Chow 检验等。

二、案例简介

[案例 2.1]利用某类酒的季节销售数据,分析销售量的季节性变化,结果发现其受季节变化的影响较大,因此,这一类商品销售的商家可以根据分析结果,对其经营的随季节变化的商品进行合理的营销和库存安排。

由于 1982 年美国遭受和平时期最严重的经济衰退,因此,在[案例 2.2]中对 1970—1995 年美国个人可支配收入与个人储蓄之间的关系进行研究时,研究人员通过设置虚拟变量来具体分析经济是否发生了结构性变化。该例同时介绍了 Chow 检验的应用。

三、案例分析

【案例 2.1】 根据表 2-1 所给数据,建立如下的回归模型:

$$Y = \beta_0 + \beta_1 t + \beta_2 d_1 + \beta_3 d_2 + \beta_4 d_3 + \varepsilon$$

其中,

$$d_1 = \begin{cases} 1 & \text{第一季度} \\ 0 & \text{其他} \end{cases} \quad d_2 = \begin{cases} 1 & \text{第二季度} \\ 0 & \text{其他} \end{cases} \quad d_3 = \begin{cases} 1 & \text{第三季度} \\ 0 & \text{其他} \end{cases}$$

表示季节虚拟变量。

本例的数据中直接给出了几个虚拟变量的值,实际上 gretl 软件也可以产生季节虚拟变量,只要导入数据,设置为季节时间序列后,点击菜单 Add→Periodic dummies,就可以生成季节虚拟变量,不过是生成 4 个季节虚拟变量。

导入所给数据,作酒销售量时序图,如图 2-1 所示。从图 2-1 中可以看出,酒的销售量

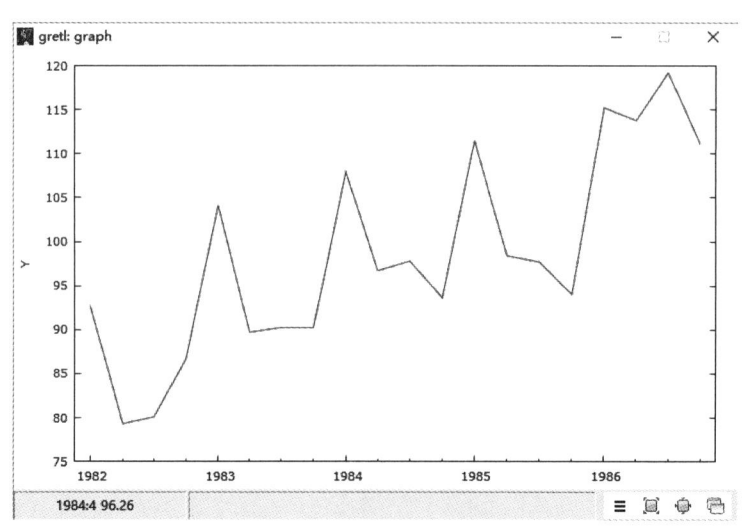

图 2-1 酒销售量时序图

随季节不同呈明显的周期性变化,而且随着时间的推移,酒的销售量总体上呈现上升的趋势。

表 2-1　　　　　　　　　　　　酒的销售数据

Date	t	Y_t	d_1	d_2	d_3
1982.1	1	92.7	1	0	0
1982.2	2	79.3	0	1	0
1982.3	3	80.1	0	0	1
1982.4	4	86.7	0	0	0
1983.1	5	104.1	1	0	0
1983.2	6	89.7	0	1	0
1983.3	7	90.2	0	0	1
1983.4	8	90.2	0	0	0
1984.1	9	107.9	1	0	0
1984.2	10	96.7	0	1	0
1984.3	11	97.8	0	0	1
1984.4	12	93.6	0	0	0
1985.1	13	111.5	1	0	0
1985.2	14	98.4	0	1	0
1985.3	15	97.7	0	0	1
1985.4	16	94.0	0	0	0
1986.1	17	115.2	1	0	0
1986.2	18	113.8	0	1	0
1986.3	19	119.2	0	0	1
1986.4	20	111.1	0	0	0

利用 gretl 进行模型的参数估计,得到的酒销售量的回归结果如图 2-2 所示。

根据图 2-2 的结果,得到的模型可以表示为:

$$\hat{Y} = 74.99 + 1.68t + 16.19d_1 + 3.82d_2 + 3.56d_3$$
$$(24.97)(9.21)\quad(5.46)\quad(1.30)\quad(1.22)$$

括号内为 t 值。

从图 2-2 中系数估计的 P 值可以看到,d_2 和 d_3 的系数没有显著性,说明第二、第三季度可以归并入基础类别第四季度之中。因此,这里只考虑加入一个虚拟变量 d_1,把季度因素分为第一季度和第二、第三、第四季度。从上式中剔除虚拟变量 d_2 和 d_3,估计的酒销售量的回归结果如图 2-3 所示,得到酒销售量的模型如下:

$$\hat{Y} = 77.77 + 1.65t + 16.68d_1$$
$$(33.46)(9.09)\quad(5.67)$$

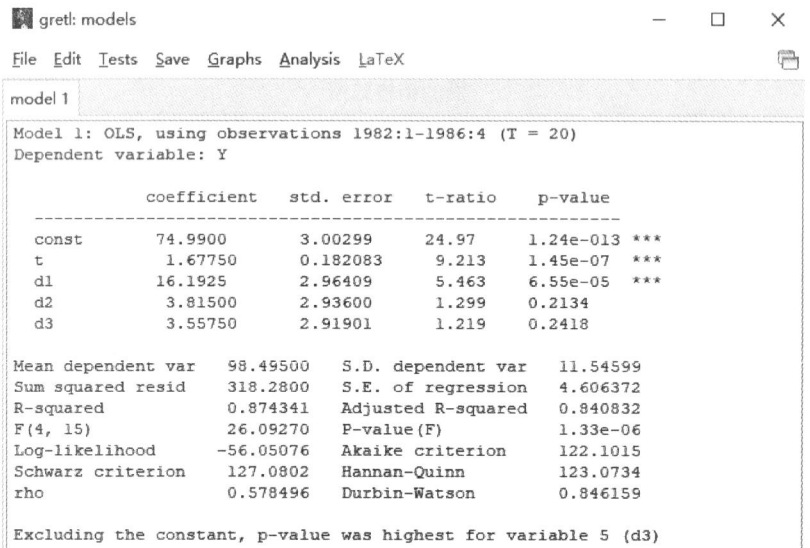

图 2-2 酒销售量的回归结果(一)

其中,第二、第三、第四季度为基础类别。

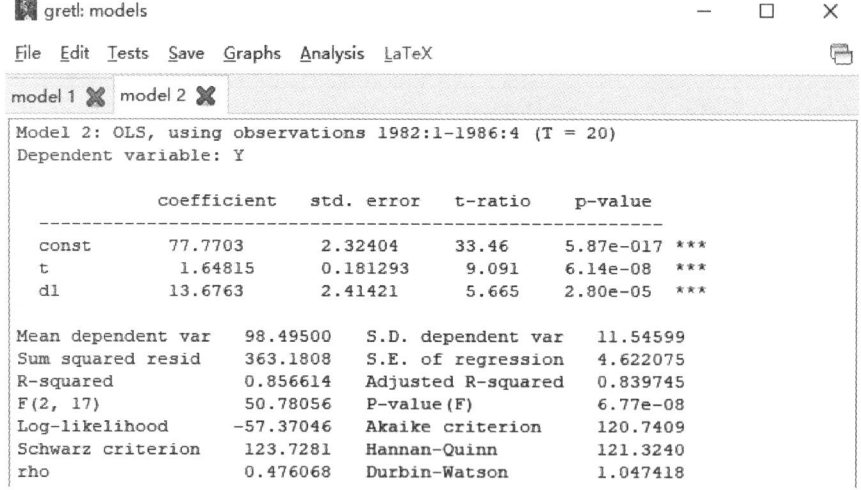

图 2-3 酒销售量的回归结果(二)

接下来利用虚拟变量来测试季节对斜率变动是否存在影响。生成新的变量 $d_1 t = d_1 \times t$,加入该变量进行模型估计,结合图 2-4 的结果,模型可以表示为:

$$\hat{Y} = 76.56 + 1.76t + 17.93 d_1 - 0.45 d_1 t$$
$$(29.70)(8.46)\ \ (3.86)\ \ \ \ (-1.07)$$

估计的酒销售量的回归结果如图 2-4 所示。

新变量 $d_1 t$ 前系数估计的 P 值为 0.300 3,这说明季节对斜率没有显著的影响。

综上,酒类商品受季节变化的影响最大的为第一季度,因此,商家需要根据自己经营的商品的季节性变化,做好商品营销和库存的合理安排。

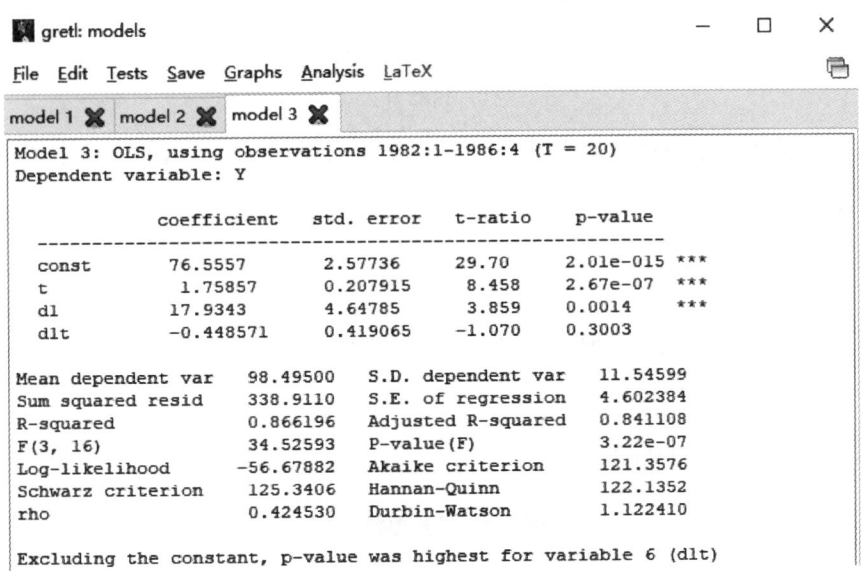

图 2-4　酒销售量的回归结果(三)

【案例 2.2】　本案例研究 1970—1995 年美国个人可支配收入与个人储蓄之间的关系。1982 年,美国遭受和平时期最严重的经济衰退,当年的城市失业率高达 9.7%,是自 1948 年以来失业率最高的一年。现就所获取的数据(见表 2-2)来分析这种事件会否扰乱收入和储蓄之间的关系。

表 2-2　　　　　　　1970—1995 年美国个人可支配收入与个人储蓄数据

年份	个人储蓄(Y)	个人可支配收入(X)	年份	个人储蓄(Y)	个人可支配收入(X)
1970	61.0	727.1	1983	167.0	2 522.4
1971	68.6	790.2	1984	235.7	2 810.0
1972	63.6	855.3	1985	206.2	3 002.0
1973	89.6	965.0	1986	196.5	3 187.6
1974	97.6	1 054.2	1987	168.4	3 363.1
1975	104.4	1 159.2	1988	198.1	3 640.8
1976	96.4	1 276.6	1989	187.8	3 894.5
1977	92.5	1 401.4	1990	208.7	4 166.8
1978	112.6	1 580.1	1991	246.4	4 343.7
1979	130.1	1 769.5	1992	272.6	4 613.7
1980	161.8	1 973.3	1993	214.4	4 790.8
1981	199.1	2 200.2	1994	189.4	5 021.7
1982	205.2	2 374.3	1995	249.3	5 320.8

构造虚拟变量：

$$D = \begin{cases} 1 & 1982\text{年以后} \\ 0 & 1982\text{年及以前} \end{cases}$$

在 gretl 软件中，点击菜单 Add→Define new variable...，在弹出的窗口中填入内容，如图 2-5 所示。

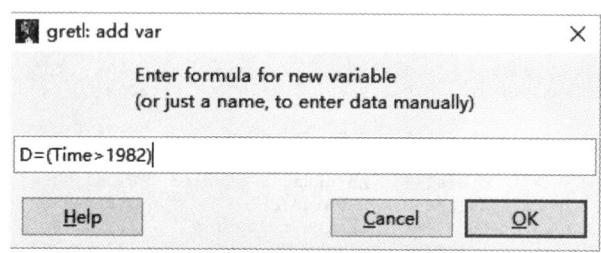

图 2-5　设置虚拟变量

点击 OK，便产生了符合设定的虚拟变量 D。再次产生新变量 $DX = D \times X$，这是个起交互作用的变量。

建立虚拟变量模型，考虑虚拟变量对截距项和斜率项同时产生影响，回归结果如图 2-6 所示。

```
Model 1: OLS, using observations 1970-1995 (T = 26)
Dependent variable: Y

              coefficient   std. error   t-ratio    p-value
  -----------------------------------------------------------
  const        -3.09469     17.8248      -0.1736    0.8638
  X             0.0840063    0.0119623    7.023     4.78e-07  ***
  D           146.132       34.2087       4.272     0.0003    ***
  DX           -0.0666218    0.0140212   -4.751     9.63e-05  ***

Mean dependent var    162.4231   S.D. dependent var    63.37458
Sum squared resid     11302.33   S.E. of regression    22.66589
R-squared              0.887436  Adjusted R-squared     0.872087
F(3, 22)              57.81503   P-value(F)             1.35e-10
Log-likelihood       -115.8631   Akaike criterion     239.7262
Schwarz criterion    244.7586    Hannan-Quinn         241.1753
rho                    0.152408  Durbin-Watson          1.682730
```

图 2-6　设置虚拟变量的模型回归结果

可以发现 D 和 DX 前面的系数都是显著的，因此，1982 年的经济衰退对美国个人储蓄与个人可支配收入的关系有显著的影响，模型反映了 1982 年美国经济发生了结构性变化。

该模型也可以利用邹检验(Chow test)来进行，建立个人储蓄对个人可支配收入的回归模型，回归结果如图 2-7 所示。

点击菜单 Tests→Chow test，选择下面一个选项，选中变量 D，如图 2-8 所示。

点击 OK，得到和前面利用虚拟变量建模（见图 2-6）一样的结果，如图 2-9 所示。

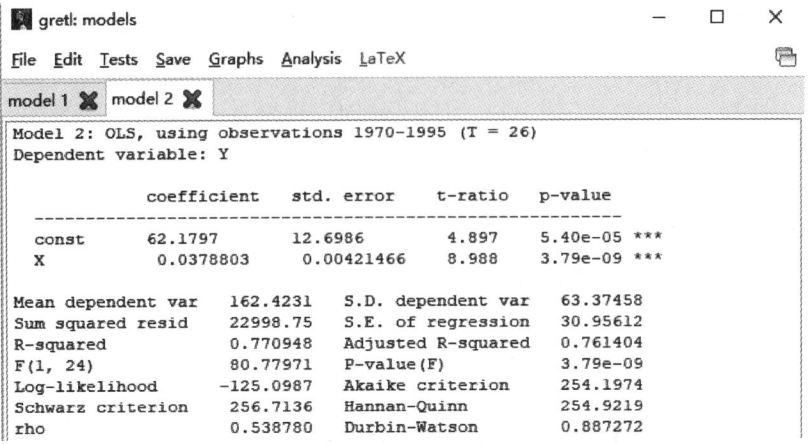

图 2-7 个人储蓄对个人可支配收入的回归结果

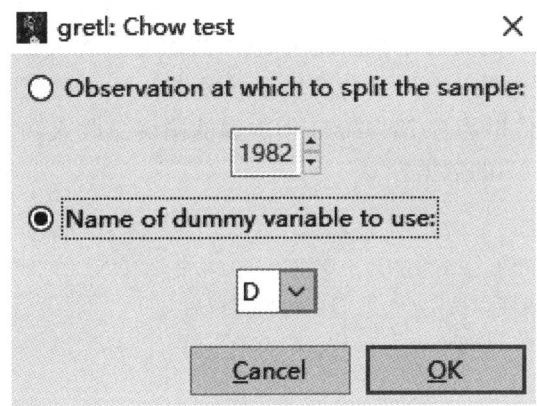

图 2-8 Chow 检验

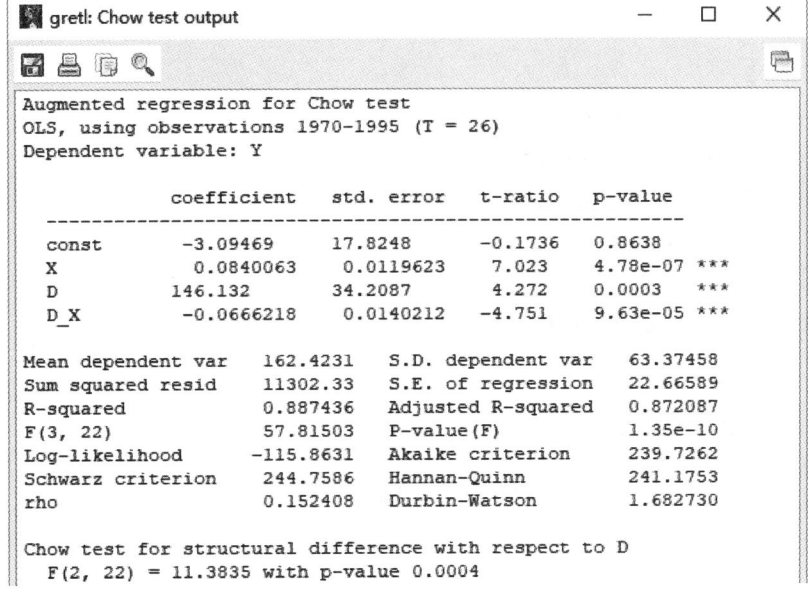

图 2-9 Chow 检验结果

Chow 检验统计量对应的 P 值为 0.000 4,因此,拒绝经济结构没有发生显著性变化的原假设。

四、问题探讨与思考

1. 虚拟变量如何设置?
2. 对模型中设定的虚拟变量结果如何解释?

五、练习

改革开放以来,随着经济的发展中国城乡居民的收入快速增长,同时城乡居民的储蓄存款也迅速增长。经济学界的一种观点认为,20 世纪 90 年代以后,由于经济体制、住房、医疗、养老等社会保障体制的变化,居民的储蓄行为发生了明显改变。为了考察改革开放以来中国居民的储蓄存款与收入的关系是否已发生变化,以城乡居民人民币储蓄存款年底余额代表居民储蓄(Y),以国民总收入(GNI)代表城乡居民收入,分析居民收入对储蓄存款影响的数量关系。ex21.xls 文件里为 1978—2003 年中国的国民总收入和城乡居民人民币储蓄存款年底余额及增加额(YY)的数据。

设定如下的模型:

$$YY_t = \beta_0 + \beta_1 GNI_t + \beta_2(GNI_t - 66\,850.50)D_{1t} + \beta_3(GNI_t - 88\,254.00)D_{2t} + \varepsilon_t$$

$$D_{1t} = \begin{cases} 1 & 1996\text{ 年以后} \\ 0 & 1996\text{ 及以前} \end{cases} \quad D_{2t} = \begin{cases} 1 & 2000\text{ 年以后} \\ 0 & 2000\text{ 及以前} \end{cases}$$

六、案例程序

1. gretl 程序

【案例 2.1】

open E:\data\data21.xls

gnuplot Y--time-series--with-lines

model1<-ols Y const t d1 d2 d3

model2<-ols Y const t d1

d1t = d1 * t

model3<-ols Y const t d1 d1t

【案例 2.2】

open E:\data\data22.xls

setobs 1 1970--time-series

D = (Time>1982)

DX = D * X

model1<-ols Y 0 X D DX

model2<-ols Y 0 X

chow D--dummy

注：在 gretl 软件交互式情形下进行菜单操作时，程序命令日志会以［案例 2.1］的形式保存。若把此程序直接复制放入脚本程序窗口运行，则 gnuplot 所绘制的图形不会直接显示，而是保存在缺省的目录路径下（比如，我的电脑是在 C:\Users\Aiyuan\Documents\gretl 目录中，这个路径安装时可以选择，也可以安装完成后重新设定，这个目录路径在电脑的文件夹中则通常显示为此电脑→本地磁盘（C:）→用户→Aiyuan→文档→gretl），文件名为 gpttmpN.plt，N 起始计数为 01（也可以在 gnuplot 命令后加上选项--output＝xxx.plt，指定图形文件名 xxx）。在 windows 系统中，这个文件可以用软件 wgnuplot.exe 打开，wgnuplot.exe 和 gretl.exe 在同一个目录路径下，也即在 gretl 的安装目录中。

打开 wgnuplot.exe 得到 gnuplot 界面，如图 2-10 所示。

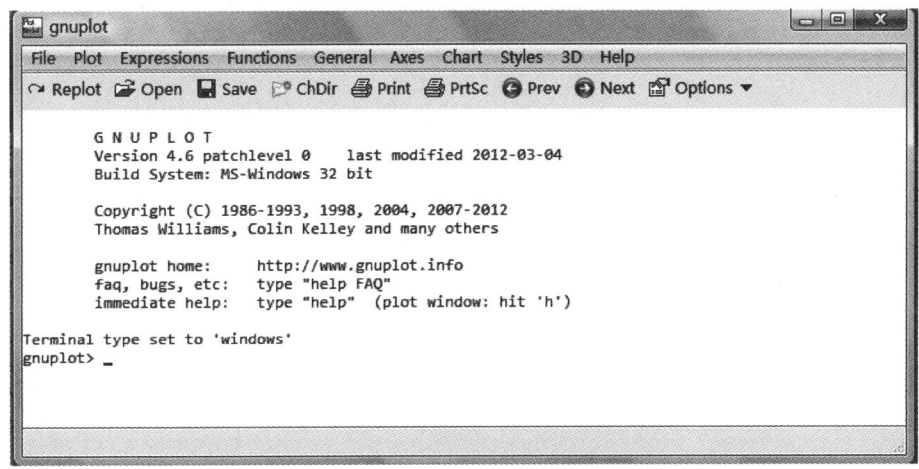

图 2-10　gnuplot 界面

点击菜单 File→Open，找到图形文件存放目录，点击图形文件就可以打开。

若要在程序执行中直接显示图片，可以在 gnuplot 命令后添加参数选项，如把［案例 2.1］的作图程序修改为如下形式即可：

gnuplot Y--output＝display--time-series--with-lines

2. EViews 程序

【案例 2.1】

wfopen E:\data\data21.xls @freq Q @id @date(date)

y.line

equation eq1.ls y c t d1 d2 d3

freeze eq1.results

equation eq2.ls y c t d1

freeze eq2.results

genr d1t＝d1＊t

equation eq3.ls y c t d1 d1t

freeze eq3.results

【案例2.2】

wfopen E:\data\data22.xls @freq A @id @date(time)

series d1 = (time>1982)

genr dx = d1 * x

equation eq1.ls y c x d1 dx

freeze eq1.results

equation eq2.ls y c x

freeze eq2.results

eq2.chow 1983

第三章

多重共线性

一、学习目标

通过对本章的学习,学生应理解多重共线性的定义及存在多重共线性所带来的影响,掌握如何辨别模型中是否存在多重共线性现象,并能够对多重共线性加以处理。

二、案例简介

[案例3.1]通过对人均鸡肉消费量和人均实际可支配收入、鸡肉的实际零售价格、猪肉的实际零售价格及牛肉的实际零售价格之间的关系进行分析,验证鸡肉的需求价格弹性及相关的交叉弹性等。

三、案例分析

【案例3.1】 对于1960—1982年美国人均鸡肉消费量(Y),人均实际可支配收入(X_1),鸡肉的实际零售价格(X_2),猪肉的实际零售价格(X_3),牛肉的实际零售价格(X_4)等数据(见表3-1),利用它们的对数,估计如下模型:

$$\ln Y = \beta_0 + \beta_1 \ln X_1 + \beta_2 \ln X_2 + \beta_3 \ln X_3 + \beta_4 \ln X_4 + \varepsilon$$

表3-1　　　　　　　　　1960—1982年美国人均鸡肉消费量等数据

Y	X_1	X_2	X_3	X_4
27.8	397.5	42.2	50.7	78.3
29.9	413.3	38.1	52.0	79.2
29.8	439.2	40.3	54.0	79.2
30.8	459.7	39.5	55.3	79.2
31.2	492.9	37.3	54.7	77.4
33.3	528.6	38.1	63.7	80.2
35.6	560.3	39.3	69.8	80.4
36.4	624.6	37.8	65.9	83.9
36.7	666.4	38.4	64.5	85.5
38.4	717.8	40.1	70.0	93.7
40.4	768.2	38.6	73.2	106.1
40.3	843.3	39.8	67.8	104.8
41.8	911.6	39.7	79.1	114.0
40.4	931.1	52.1	95.4	124.1
40.7	1 021.5	48.9	94.2	127.6

(续表)

Y	X_1	X_2	X_3	X_4
40.1	1 165.9	58.3	123.5	142.9
42.7	1 349.6	57.9	129.9	143.6
44.1	1 449.4	56.5	117.6	139.2
46.7	1 575.5	63.7	130.9	165.5
50.6	1 759.1	61.6	129.8	203.3
50.1	1 994.2	58.9	128.0	219.6
51.7	2 258.1	66.4	141.0	221.6
52.9	2 478.7	70.4	168.2	232.6

把数据导入 gretl 软件,产生各变量的对数变量,分别为 ly、$lx1$、$lx2$、$lx3$ 和 $lx4$,估计要求的模型,参数估计的结果如图 3-1 所示。

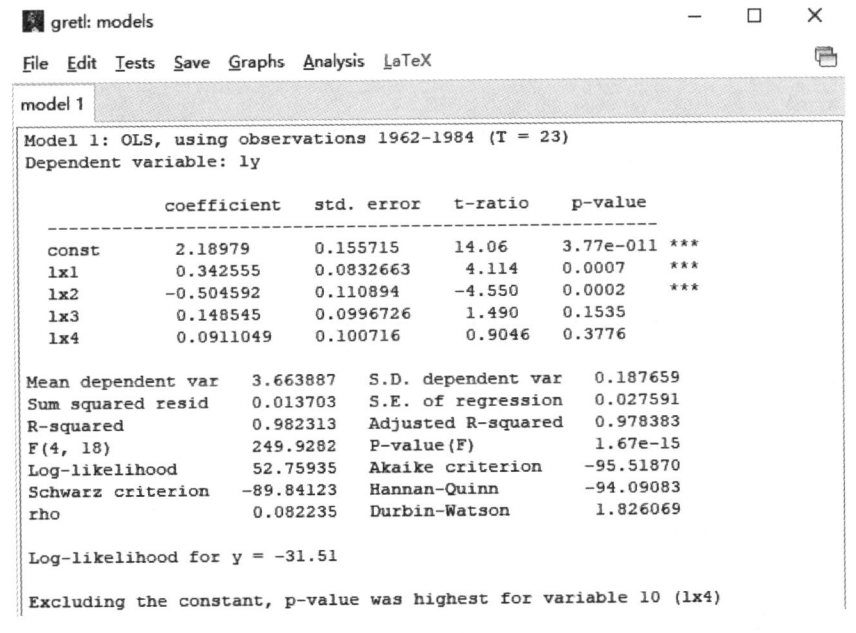

图 3-1　模型估计的结果

从图 3-1 中可以看到,需求的收入弹性和需求的价格弹性都是高度显著的,但两者的交叉弹性均不显著。模型的决定系数为 0.98,F 统计量对应的 P 值很小,但 $lx3$ 和 $lx4$ 都不显著。不过由此得出鸡肉的需求不受猪肉和牛肉价格的影响显然是不对的,因为模型可能是因为多重共线性问题而导致了这样的结果。

为了诊断模型中是否存在共线性,首先要计算出自变量的相关矩阵。在软件主窗口中点击菜单 View→Correlation matrix,弹出窗口中选中 $lx1$~$lx4$ 四个变量,点击 OK,得到的结果如图 3-2 所示。

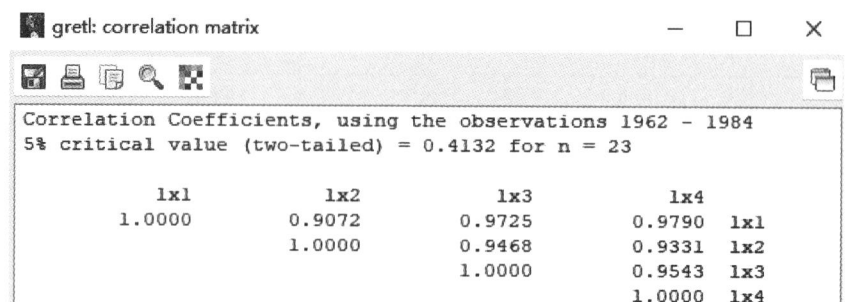

图 3-2　自变量的相关矩阵

相关系数矩阵为对称矩阵,gretl 只显示上三角阵。可以看到,相关系数都特别大,说明变量两两之间高度相关,存在多重共线性。

再计算各自变量的方差膨胀因子和自变量矩阵的矩阵条件数指数。在模型窗口中点击菜单 Analysis→Collinearity,得到如图 3-3 所示的共线性诊断结果。gretl 软件会给出方差膨胀因子和矩阵条件数指数。

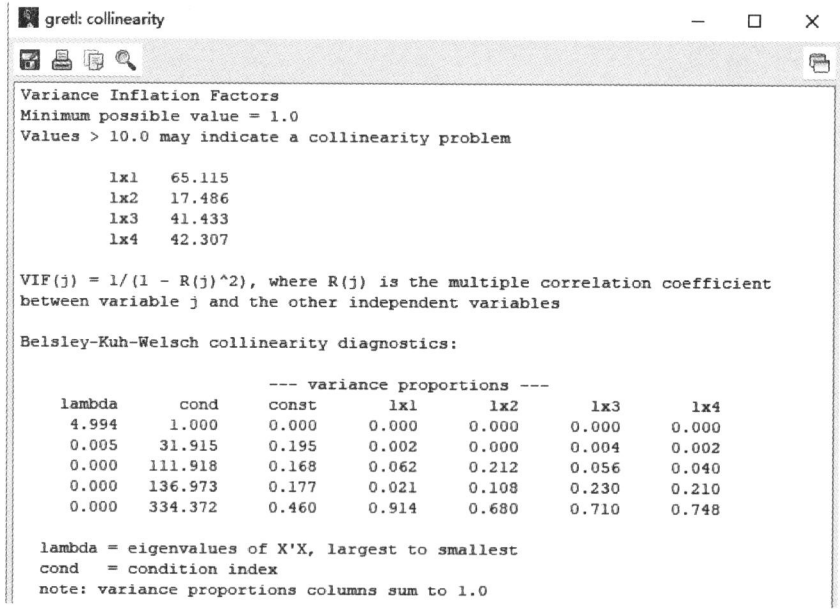

图 3-3　共线性诊断结果

几个变量对应的方差膨胀因子都挺大,一般大于 10 就表明模型中存在比较严重的共线性问题。而且,最大的矩阵条件数指数为 334.372。林光平等(2003)认为,矩阵条件数指数超过 30,就表明模型存在严重的共线性问题。

这样,综合以上几个判断结果,就可以断定模型中存在多重共线性问题。

对于多重共线性的处理方法主要有:剔除 P 值大的自变量、增加样本容量、重新建模。此外,还有主成分回归及岭回归等。本书对这些方法不一一介绍,感兴趣的读者可以查找其他相关资料,这里只给出简单的处理办法,剔除不显著变量,处理后的结果如图 3-4 所示。

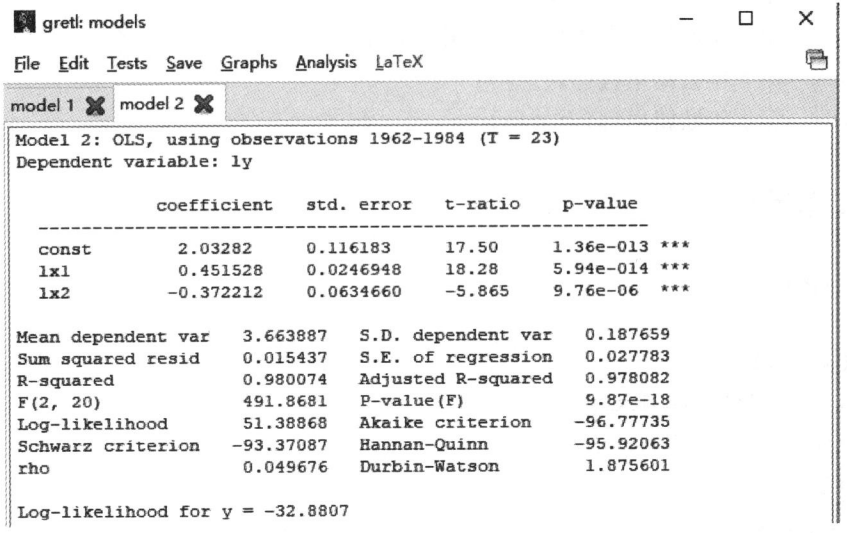

图 3-4 共线性的处理结果

和前面的回归结果比较，收入弹性增大了，但是价格弹性的绝对值却下降了。不过需要注意的是，简化了的模型的系数估计是有偏的。

四、问题探讨与思考

1. 哪些现象反映模型中可能存在多重共线性？
2. 为什么根据方差膨胀因子能够判断是否存在多重共线性？
3. 为什么有时可以不太关注模型中存在的多重共线性问题？

五、练习

近年来，中国旅游业一直保持高速发展，旅游业作为国民经济新的增长点，在整个社会经济发展中的作用日益显现。中国的旅游业分为国内旅游和入境旅游两大市场，入境旅游外汇收入年均增长 22.6%，与此同时国内旅游也迅速增长。改革开放以来，特别是进入 20 世纪 90 年代后，中国的国内旅游收入年均增长 14.4%，远高于同期 GDP 9.76% 的增长率。为了规划中国未来旅游产业的发展，需要定量地分析影响中国旅游市场发展的主要因素。经分析，影响国内旅游市场收入的主要因素，除了国内旅游人数和旅游支出以外，还可能与相关基础设施有关。为此，考虑的影响因素主要有国内旅游人数 X_1，城镇居民人均旅游支出 X_2，农村居民人均旅游支出 X_3，并以公路里程 X_4 和铁路里程 X_5 作为相关基础设施的代表。根据数据文件 ex31.xls，设定如下形式的计量经济模型：

$$Y_t = \beta_0 + \beta_1 X_{1t} + \beta_2 X_{2t} + \beta_3 X_{3t} + \beta_4 X_{4t} + \beta_5 X_{5t} + \varepsilon_t$$

其中：Y_t——第 t 年全国旅游收入；

X_{1t}——第 t 年国内旅游人数（万人）；

X_2——第 t 年城镇居民人均旅游支出(元);

X_3——第 t 年农村居民人均旅游支出(元);

X_4——第 t 年公路里程(万公里);

X_5——第 t 年铁路里程(万公里)。

六、案例程序

1. gretl 程序

【案例 3.1】

```
open E:\data\data31.xls
setobs 1 1962--time-series
ly = log(y)
lx1 = log(x1)
lx2 = log(x2)
lx3 = log(x3)
lx4 = log(x4)
model1<-ols ly 0 lx1 lx2 lx3 lx4
corr lx1 lx2 lx3 lx4
vif
model2<-ols ly 0 lx1 lx2
```

2. EViews 程序

【案例 3.1】

```
wfopen E:\data\data31.xls @freq A 1962
genr ly = log(y)
genr lx1 = log(x1)
genr lx2 = log(x2)
genr lx3 = log(x3)
genr lx4 = log(x4)
equation eq1.ls ly c lx1 lx2 lx3 lx4
freeze eq1.results
cor lx1 lx2 lx3 lx4
eq1.varinf
equation eq2.ls ly c lx1 lx2
freeze eq2.results
```

第四章

异方差

一、学习目标

通过对本章的学习,学生应通过散点图、残差图,初步辨别模型中是否存在异方差现象,再利用常用的异方差检验方法进行相应检验,并能对异方差现象加以处理。

二、案例简介

[案例4.1]研究了四组家庭住房支出和年收入之间的关系,结果显示家庭年收入对住房支出存在显著影响,但结合图示及正规的异方差解析法检验,发现模型中存在显著的异方差现象。由于异方差会导致普通最小二乘估计量不再有效,检验和预测都不再有效,这样当异方差存在时,利用普通最小二乘法(OLS)得到的结果就不能用来进行统计推断和预测,因此,为了解决这些问题,对该模型采用加权最小二乘法(WLS)来估计参数。

三、案例分析

【案例4.1】 根据四组家庭住房支出和年收入组成的截面数据,研究家庭住房支出与年收入之间的关系,数据如表4-1所示。

设住房支出模型为:

$$HEXP = \beta_0 + \beta_1 INC + \varepsilon$$

表4-1　　　　　　　　　　家庭住房支出和年收入

OBS	HEXP	INC	OBS	HEXP	INC
1	1.8	5	11	4.2	15
2	2.0	5	12	4.2	15
3	2.0	5	13	4.5	15
4	2.0	5	14	4.8	15
5	2.1	5	15	5.0	15
6	3.0	10	16	4.8	20
7	3.2	10	17	5.0	20
8	3.5	10	18	5.7	20
9	3.5	10	19	6.0	20
10	3.6	10	20	6.2	20

利用gretl软件,导入数据,拟合模型,参数估计的结果如图4-1所示。

图4-1的结果表明,家庭年收入对住房支出有显著影响。不过由于是截面数据,且家庭年收入存在较大差异,这可能会导致模型存在异方差现象。因为异方差的存在会导致OLS估计量不再有效,为此进行接下来的异方差检验。

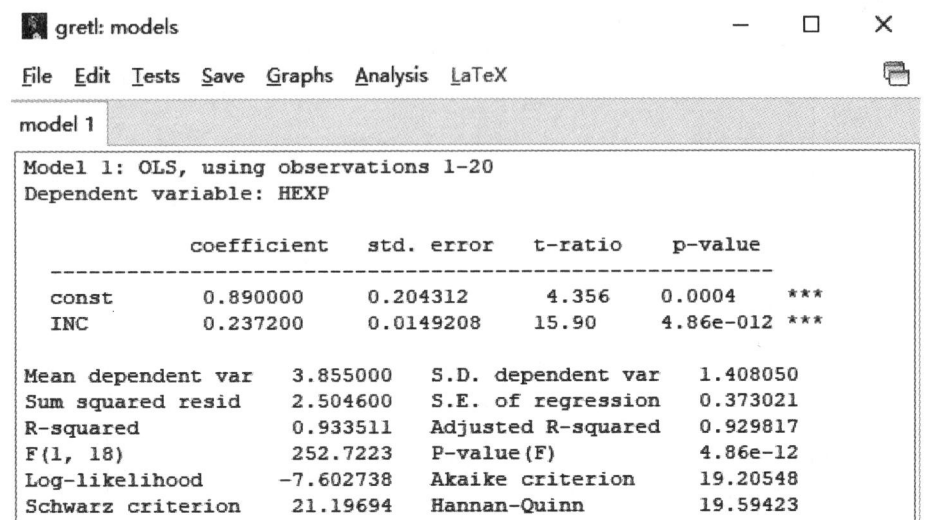

图 4-1 模型拟合结果

异方差的检验方法分为图示法和解析法。

1. **图示法**

先作残差对自变量的散点图。模型窗口点击菜单 Graphs→Residual plot→Against INC,如图 4-2 所示。

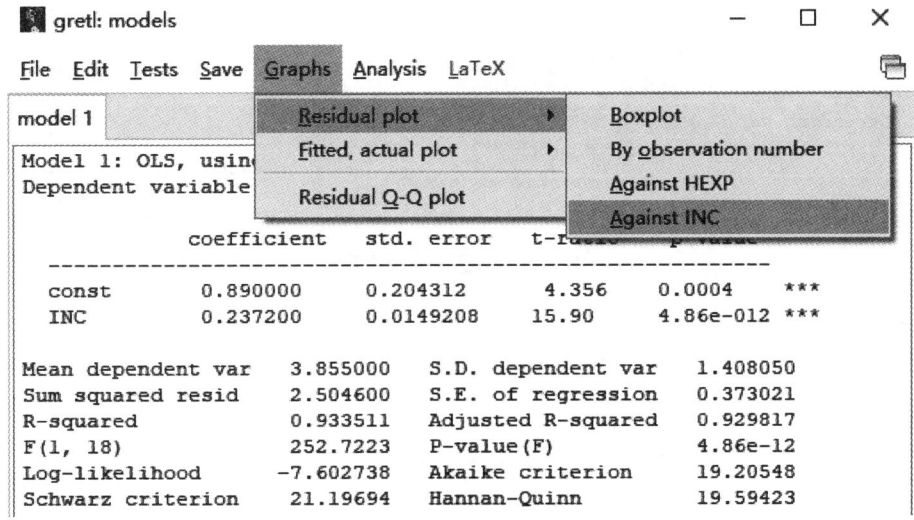

图 4-2 残差对自变量的散点图

得到的结果如图 4-3 所示。

从图 4-3 中可以看出,随着自变量 INC 的增大,残差有发散的趋势。再作残差平方序列对自变量的散点图。在模型窗口中保存残差平方序列,如图 4-4 所示,并命名残差平方序列,如图 4-5 所示。

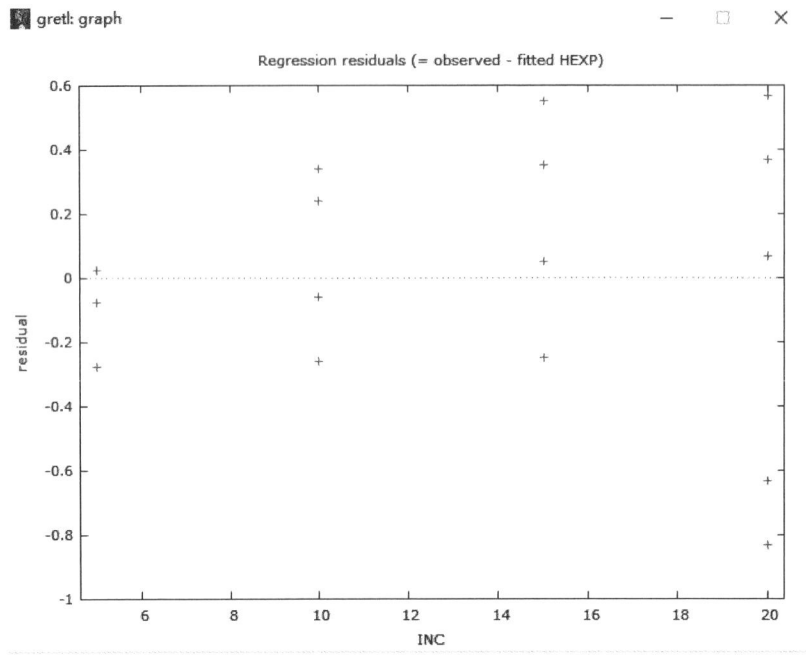

图 4-3 残差对自变量的散点图

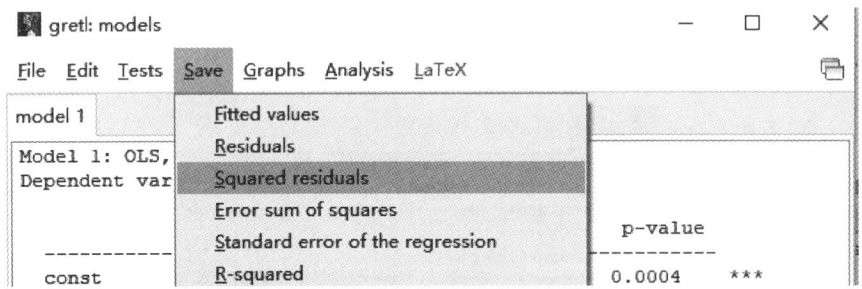

图 4-4 保存模型残差平方序列

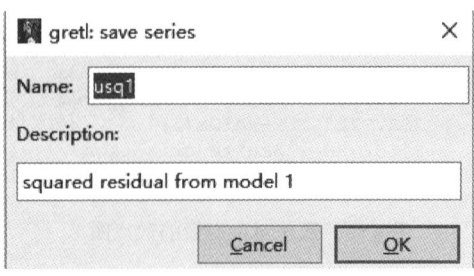

图 4-5 命名残差平方序列

得到的结果如图 4-6 所示。

从图 4-6 中可以直观地判断出模型中存在异方差现象,为了判断的准确可靠,需采用解析法来进行异方差检验。

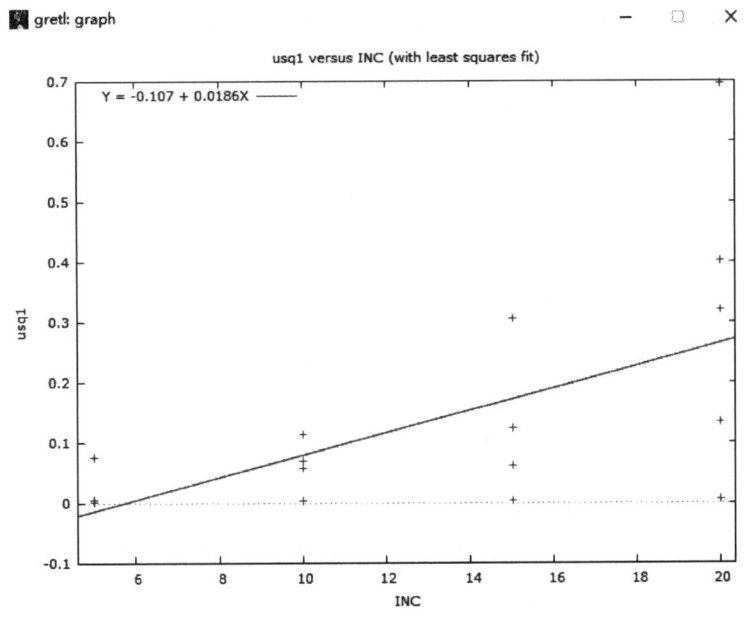

图 4-6　残差平方对自变量的散点图

2. 解析法

解析法检验方法有：Goldfeld-Quanadt 检验、Breusch-Pagan 检验以及 White 检验等。

1) Goldfeld-Quanadt 检验

Goldfeld-Quanadt 检验适用递增的异方差，操作时要对样本数据进行相应的处理，一般先根据自变量排序，再去掉中间 1/5 的观测值。由于本例的数据少，这里不去掉中间的部分观测值，直接根据自变量 INC 把样本从小到大分成两部分来进行辅助回归。

根据自变量 INC，把数据由小到大排序，软件主窗口中点击菜单 Data→Sort data，如图 4-7 所示。

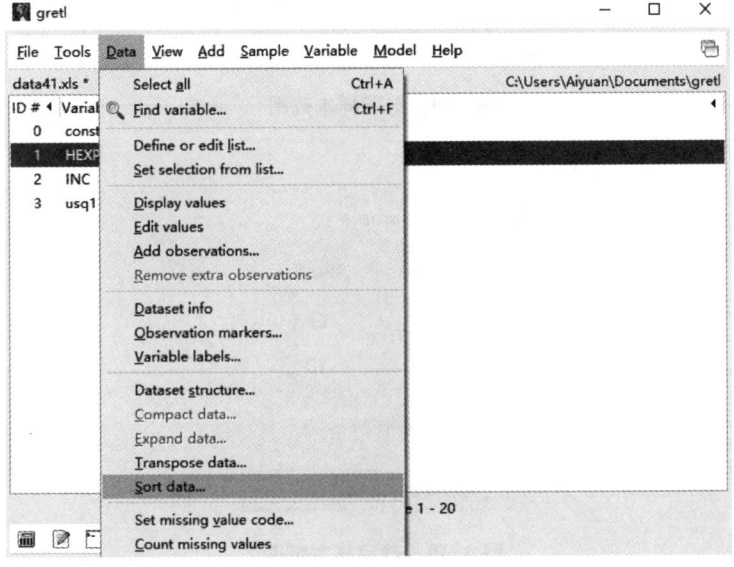

图 4-7　数据排序

在弹出的窗口中,选择排序的变量,点击 OK,如图 4-8 所示。

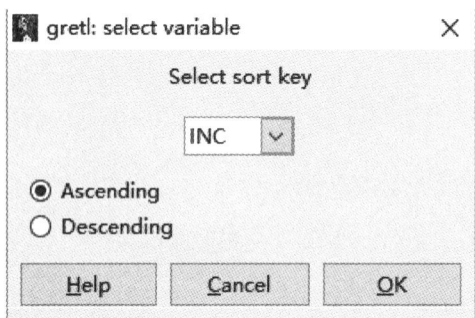

图 4-8　选择排序变量

选定样本 1~10,拟合自变量取值较小样本的回归模型。在主窗口中点击菜单 Sample→Set range…,如图 4-9 所示。然后确定样本范围,如图 4-10 所示。选定样本范围后,进行参数估计,得到的结果如图 4-11 所示。

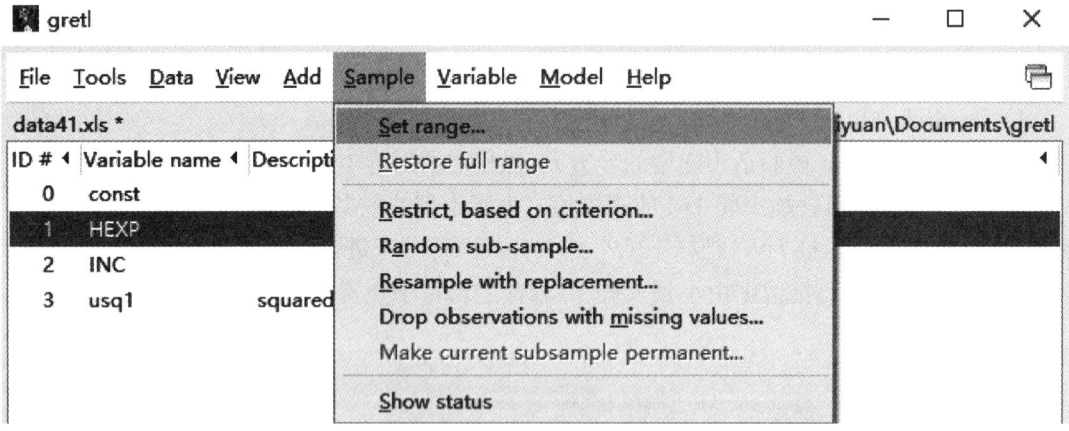

图 4-9　选取样本范围

图 4-10　确定样本范围

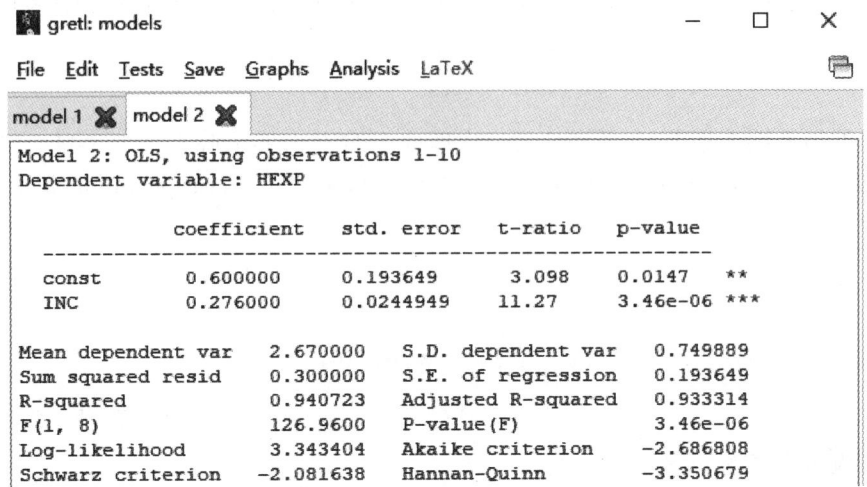

图 4-11　自变量取值较小样本对应的回归模型结果

选定样本 11～20,如图 4-12 所示,拟合自变量取值较大样本对应的回归模型,结果如图 4-13 所示。

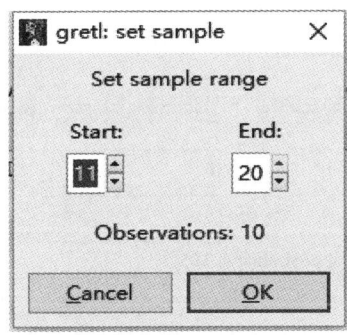

图 4-12　确定自变量取值较大对应的样本

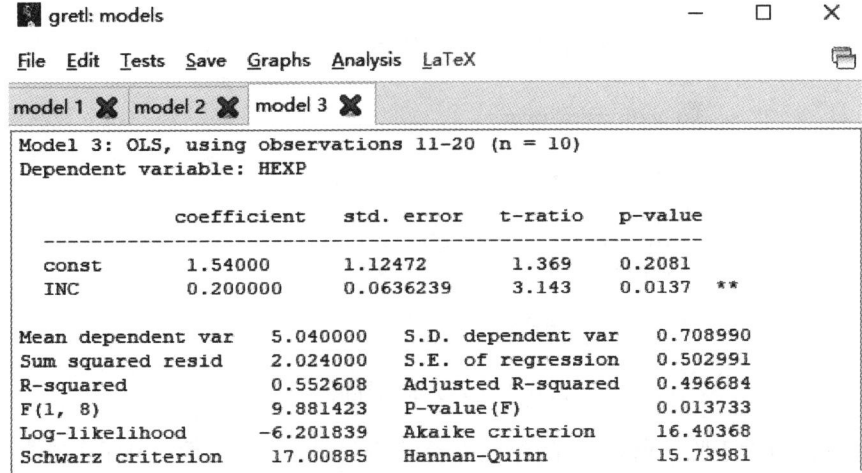

图 4-13　自变量取值较大样本对应的回归模型结果

利用图 4-11 和图 4-13 的结果，根据 Goldfeld-Quanadt 检验，F 统计量的计算值为：

$$F = \frac{SSR_2}{SSR_1} = \frac{2.024}{0.3} = 6.746\,667$$

在 5% 的显著性水平下，分子和分母自由度为 8 的 F 分布的临界值为 3.44。此值可以通过查表获取，也可以直接在 gretl 中查看。主窗口点击菜单 Tools→Statistical tables，如图 4-14 所示。

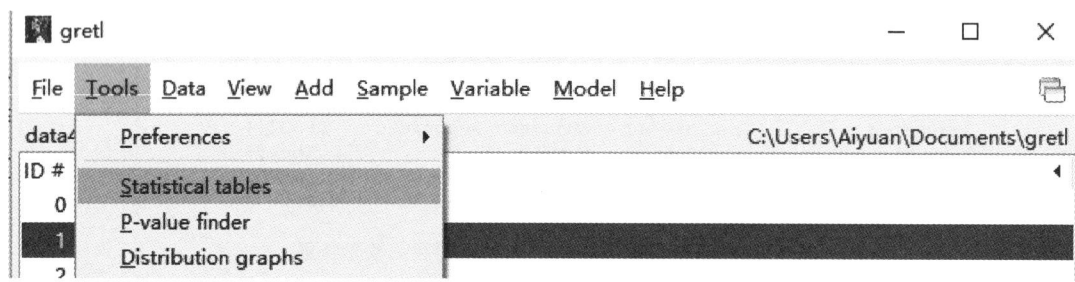

图 4-14 查统计表

再选择 F 分布，填入自由度和右尾概率（即显著性水平），如图 4-15 所示。

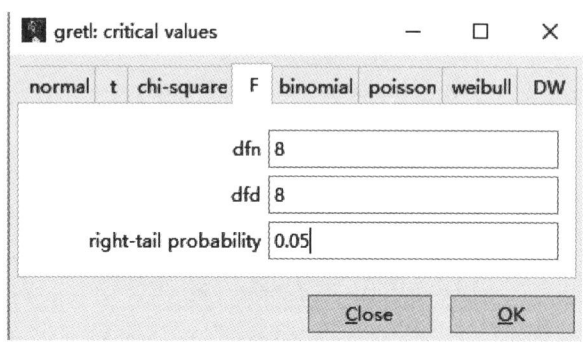

图 4-15 查找 F 分布临界值

点击 OK，得到的 F 分布临界值，如图 4-16 所示。

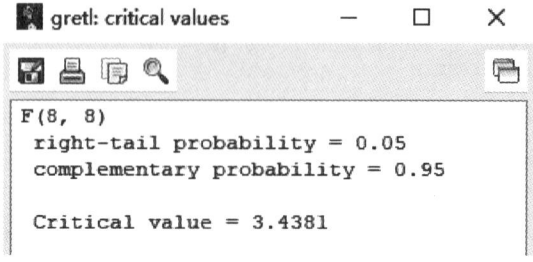

图 4-16 F 分布临界值

统计量观测值大于临界值，因此拒绝同方差的原假设，认为原模型中存在异方差现象。也可以根据 gretl 软件计算 F 统计量观测值对应的 P 值，再根据 P 值来作决策。

在主窗口中点击菜单 Tools→P-value finder，如图 4-17 所示。

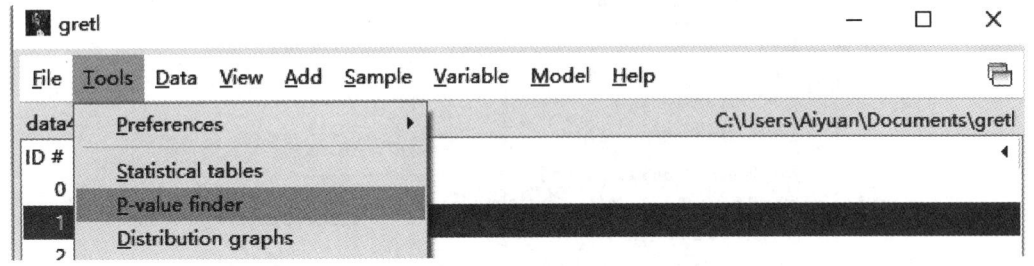

图 4-17　计算统计量值对应的 P 值

在弹出的窗口中分别填入相应数据，如图 4-18 所示。

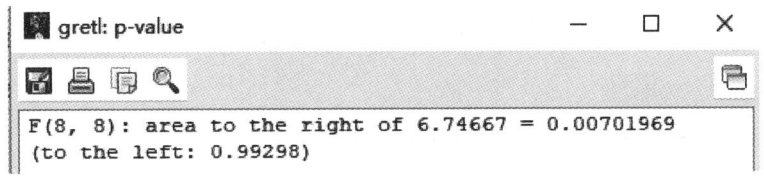

图 4-18　计算 F 分布统计量对应 P 值

点击 OK，得到 F 分布统计量对应 P 值，如图 4-19 所示。

图 4-19　F 分布统计量对应 P 值

从图 4-19 中可以看到，F 统计量对应的 P 值为 0.007 019 69，也可以得到在 5% 的显著性水平下拒绝原假设，因此认为模型中存在异方差。

2) Breusch-Pagan 检验

gretl 软件中含有 Breusch-Pagan 检验，只要在开始估计的模型（即模型1）中直接选中该检验即可，如图 4-20 所示。

根据 Breusch-Pagan 检验结果，如图 4-21 所示，检验统计量服从卡方分布，统计量观测值为 6.865 964，对应 P 值为 0.008 785，这表明在 5% 的显著性水平下，拒绝同方差的原假设。

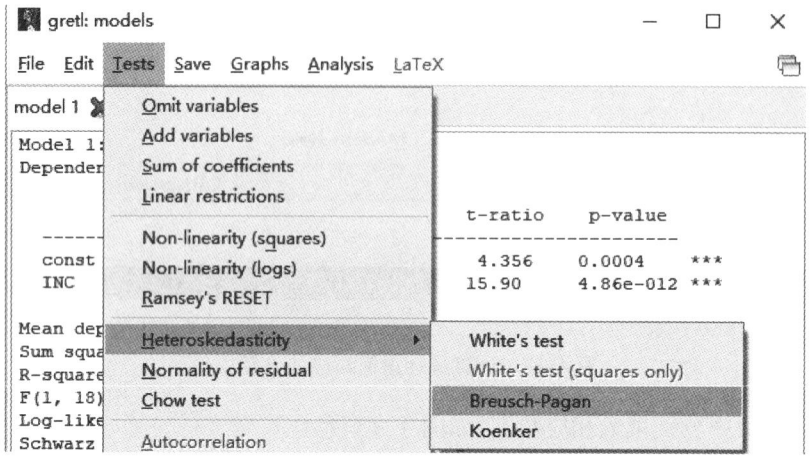

图 4-20 Breusch-Pagan 检验

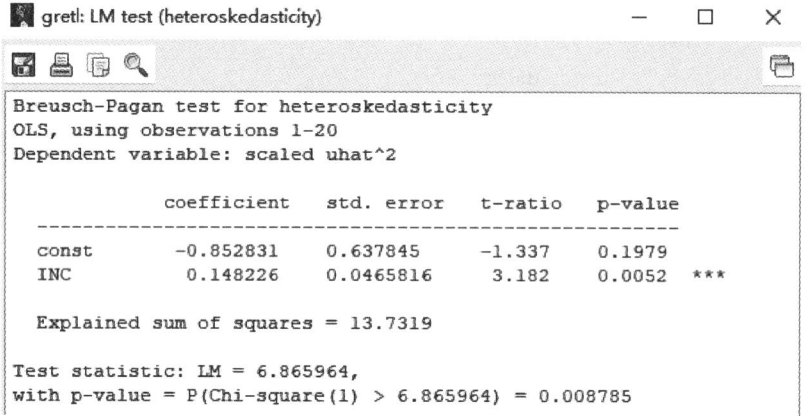

图 4-21 Breusch-Pagan 检验结果

3) White 异方差检验

软件模型 1 中直接选中 White 异方差检验,如图 4-22 所示。

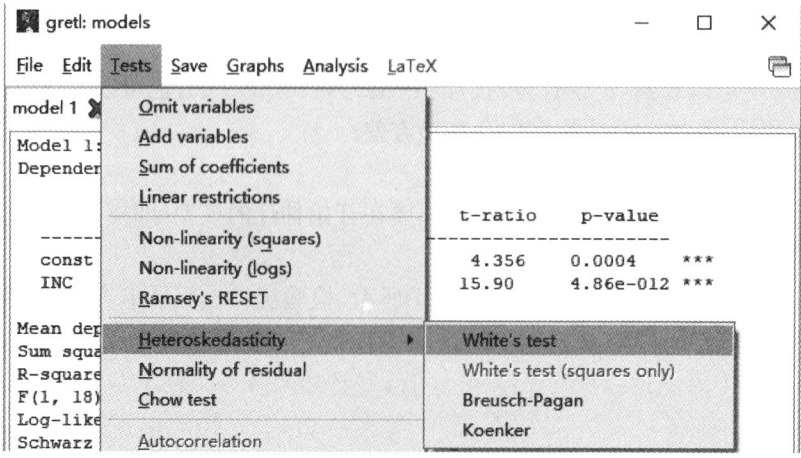

图 4-22 White 异方差检验

根据 White 异方差检验结果，如图 4-23 所示，统计量观测值对应 P 值为 0.016 088，因此，在 5% 的显著性水平下仍然拒绝同方差的原假设。

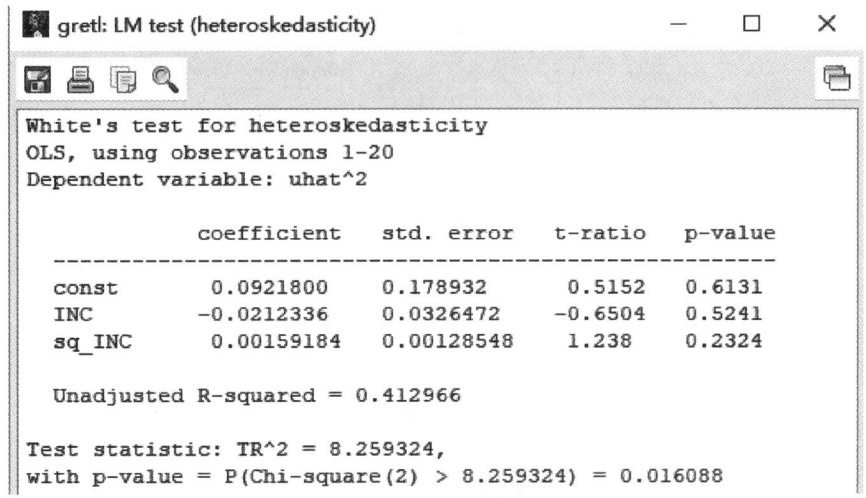

图 4-23　White 异方差检验结果

模型中存在异方差时，一般的处理方法是：采用加权最小二乘法（WLS）或者直接把数据取对数。本书采用加权最小二乘法，先把样本范围设定为整个观测值，再产生权变量 w（需要注意的是 gretl 软件和 EViews 有区别，gretl 软件中的权变量 w 相当于 EViews 中的 $1/INC$。对于最优权函数的选择可以参考何晓群、刘文卿撰写的《应用回归分析》一文），如图 4-24 所示。

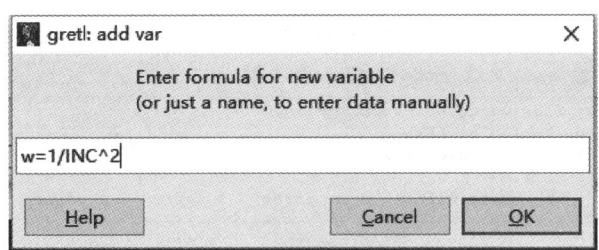

图 4-24　产生权变量

再回到软件主窗口，点击菜单 Model→Other linear models→Weighted Least Squares…，如图 4-25 所示。

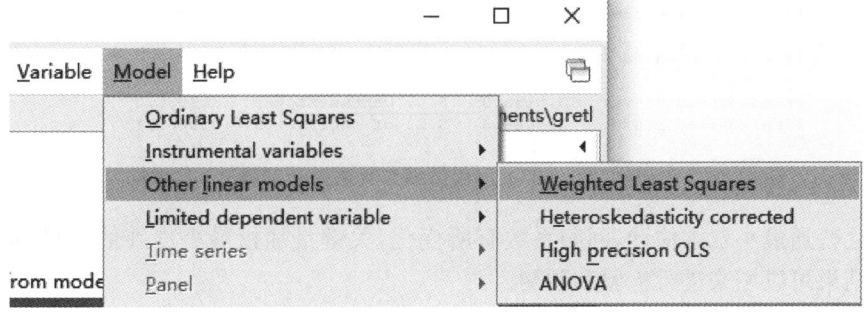

图 4-25　选择加权最小二乘法

在弹出的窗口中,选择相关变量,如图 4-26 所示。

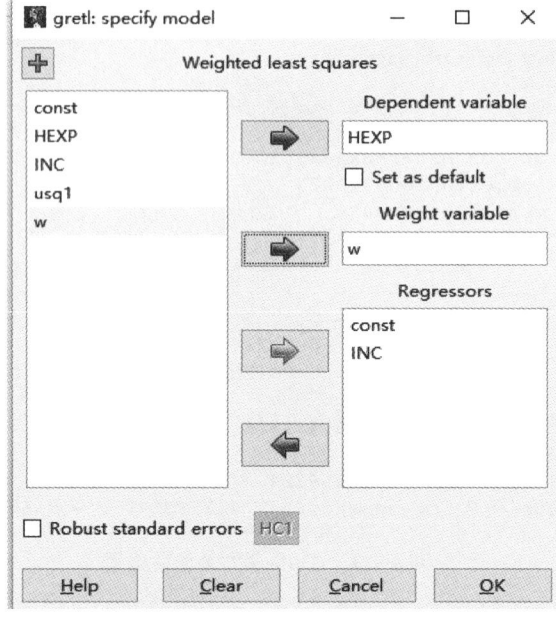

图 4-26　加权最小二乘法模型识别

点击 OK,得到加权最小二乘估计的结果,如图 4-27 所示。

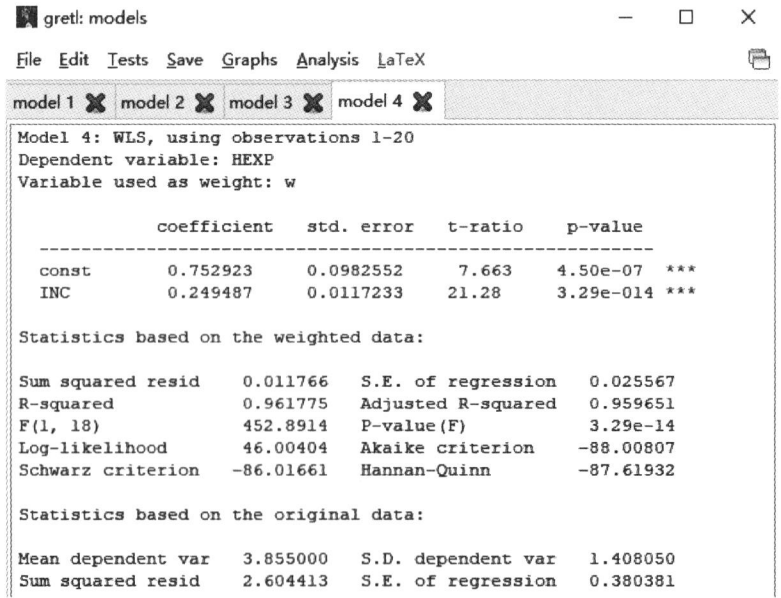

图 4-27　加权最小二乘法估计结果

较之普通最小二乘估计,回归系数有所变化,关键是加权最小二乘估计量具有有效性,得到的结果可以用来进行检验和预测。

四、问题探讨与思考

1. 异方差存在时用 OLS 估计会有什么影响?
2. Breusch-Pagan 检验和 White 检验结果如何解释?
3. 加权最小二乘法的作用是什么?

五、练习

为了能给某地区制定医疗机构的规划提供依据,分析比较医疗机构与人口数量的关系,建立卫生医疗机构数与人口数的回归模型。假定医疗机构数(Y)与人口数(X)之间满足线性约束,则理论模型设定为:

$$Y_i = \beta_0 + \beta_1 X_i + \varepsilon_i$$

根据所给数据文件 ex41.xls,检验模型中是否存在异方差,若存在则进行相应处理。

六、案例程序

1. gretl 程序

【案例 4.1】

```
open E:\data\data41.xls
model1<-ols HEXP 0 INC
series uhat1 =$uhat
gnuplot uhat1 INC--output = display
series usq1 =$uhat*$uhat
gnuplot usq1 INC--output = display
dataset sortby INC
smpl 1 10
model2<-ols HEXP 0 INC
genr ssr1 =$ess
smpl 11 20
model3<-ols HEXP 0 INC
genr ssr2 =$ess
genr f = ssr2/ssr1
genr p = 1-cdf(F,8,8,f)
smpl 1 20
model1<-ols HEXP 0 INC
modtest--breusch-pagan
modtest--white
```

w = 1/INC^2

model4<-wls w HEXP 0 INC

2. EViews 程序

【案例 4.1】

wfopen E:\data\data41.xls

equation eq1.ls hexp c inc

show eq1

genr usq1 = resid^2

scat inc usq1

sort inc

smpl 1 10

equation eq2.ls hexp c inc

smpl 11 20

equation eq3.ls hexp c inc

scalar ssr1 = eq2.@ssr

scalar ssr2 = eq3.@ssr

scalar F = ssr2/ssr1

show 1-@cfdist(f,8,8)

show @qfdist(0.95,8,8)

freeze eq1.hettest c inc

freeze eq1.white(c)

smpl 1 20

equation eq4.ls(w = 1/inc) hexp c inc

show eq4

第五章

自相关

一、学习目标

通过对本章的学习,学生应理解自相关定义,掌握通过残差图初步辨别模型中是否存在自相关,掌握常用的一阶自相关检验方法——DW 检验法,并可以利用广义差分法来处理自相关问题,具体包括 Cochrane-Orcutt 方法和 Hildreth-Lu 方法等。

二、案例简介

根据工业生产指数、货币供应量的增长率及通货膨胀率等因素来解释月利率的变动。但是,利用最小二乘法估计的结果和实际经济理论相违背,究其原因是模型不满足经典线性回归模型的基本假定,模型中存在自相关现象。

三、案例分析

【案例 5.1】 用最小二乘法估计一个模型,来解释 1960 年 1 月至 1995 年 8 月间的月利率的变动。利率被认为是由流动资产的总需求和总供给决定的。回归模型中包含的变量如下:

R——3 月期美国国债利率,为年利率的某一百分比;

IP——联邦储备委员会的工业生产指数(1987=100);

$M2$——名义货币供给,单位:10 亿美元;

PW——所有商品的生产价格指数(1982=100)。

工业生产指数是衡量流动资产需求的一个很有用的变量。一般认为,生产的增长将意味着需求的增长,需求的增长会引起利率的提高。货币供给很明显应放入模型,因为引起货币供给变化的联邦储备政策直接影响利率。同样的情况适用于价格的变化,因为通货膨胀率的上升将引起利率的上升。

用于回归模型的货币增长变量与价格变量的公式如下:

$$GM2_t = (M2_t - M2_{t-1})/M2_{t-1}$$
$$GPW_t = (PW_t - PW_{t-1})/PW_{t-1}$$

所建模型为:

$$R_t = \beta_0 + \beta_1 IP_t + \beta_2 GM2_t + \beta_3 GPW_{t-1} + \varepsilon_t$$

本例所用数据如表 5-1 所示,数据起始时间为 1959 年 1 月。

表 5-1　　　　　　　　　　　3 月期美国国债利率等数据

R	IP	$M2$	PW
2.837	36.0	286.7	31.7
2.712	36.7	287.7	31.7

(续表)

R	IP	M2	PW
2.852	37.2	289.2	31.7
2.960	38.0	290.1	31.8
2.851	38.6	292.2	31.8
3.247	38.6	294.1	31.7
3.243	37.7	295.2	31.7
3.358	36.4	296.4	31.6
3.998	36.4	296.7	31.7
4.117	36.1	296.5	31.6
4.209	36.3	297.1	31.5
4.572	38.6	297.8	31.5
4.436	39.6	298.2	31.6
3.954	39.2	298.4	31.6
3.439	38.9	299.4	31.8
3.244	38.6	300.0	31.8
3.392	38.5	300.9	31.7
8.130	80.7	2 002.0	100.5
8.304	81.3	2 020.0	100.4
5.670	121.388	3 529.2	124.6
⋮	⋮	⋮	⋮
5.70	121.339	3 543.5	124.9
5.50	121.4	3 574.0	125.3
5.47	121.5	3 592.8	125.3
5.41	122.7	3 612.7	125.1
5.26	122.8	3 625.8	125.2
5.30	122.2	3 632.8	125.3
5.35	122.6	3 643.6	125.3
5.16	122.7	3 660.2	125.5
5.02	122.1	3 675.0	126.1
4.87	123.7	3 690.2	125.9

把数据导入 gretl 软件，转变为时间序列的数据结构，生成模型所需的变量，设定好时间范围，利用普通最小二乘法来拟合模型，结果如图 5-1 所示。

和预想的一样，工业生产指数 IP 对利率有显著的正影响。具有 1 个月滞后期的通货膨

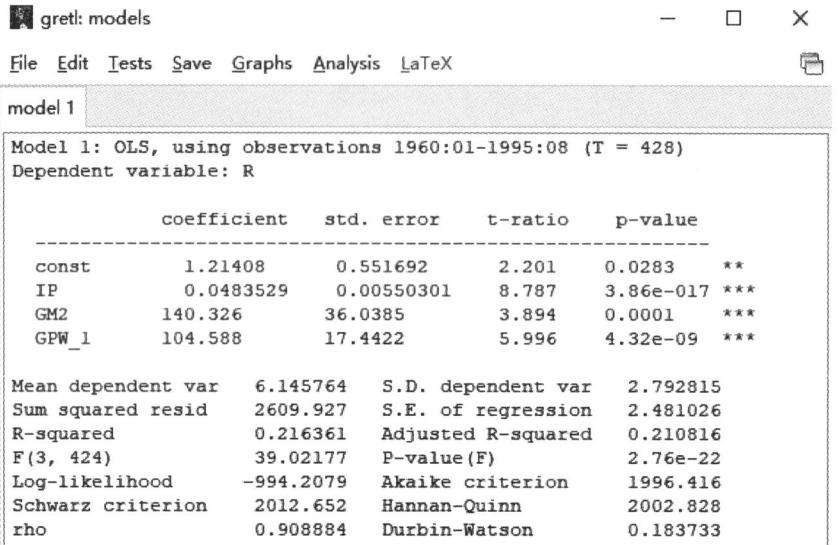

图 5-1 模型拟合结果

胀变量 GPW 前面也具有预想的符号,且也是显著的。但是,货币增长变量 GM2 的正号却与预想相反,并决定系数相对较低和相对较高的回归标准误(相对因变量的均值而言)。

自相关诊断的方法有图示法和解析法,解析法只介绍 DW 检验,因为只考虑一阶自回归现象。

作残差的时序图如图 5-2 所示。

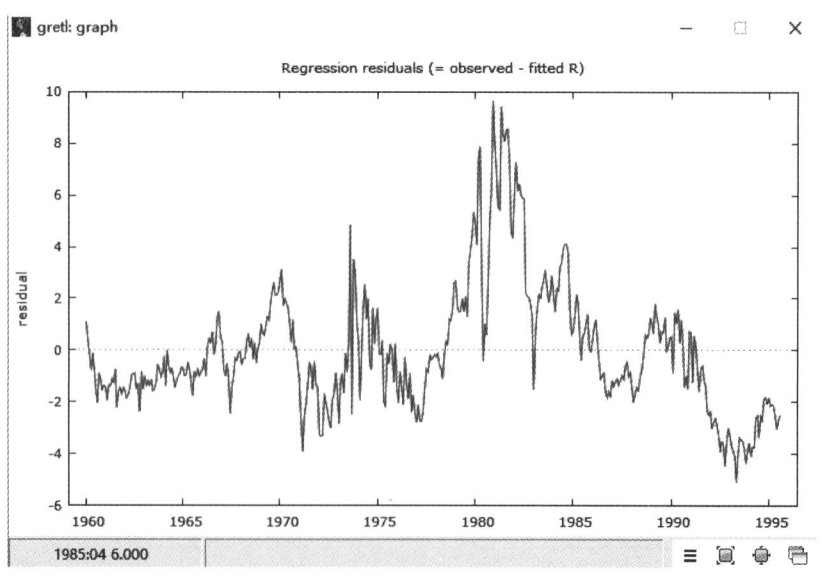

图 5-2 残差时序图

从图 5-2 中可以粗略看出,模型中存在自相关,因为残差一段时间都为负,而一段时间又都为正。

模型 DW 统计量对应 P 值可在模型结果窗口 Tests 菜单下查看,如图 5-3 所示。这里

的 P 值为 6.661 34e-016，模型的 DW 值为 0.183 733，如图 5-4 所示，说明模型中存在一阶正自相关。也可以根据查 DW 统计表来作决策。

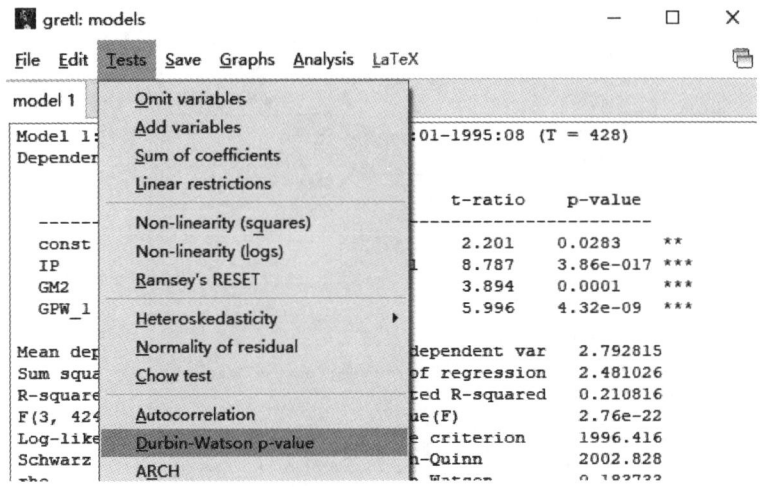

图 5-3　查看模型 DW 统计量对应 P 值

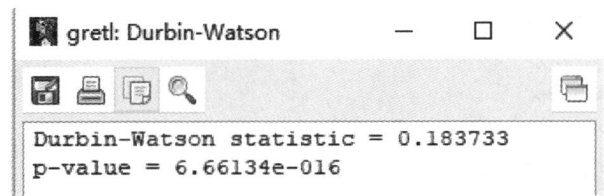

图 5-4　模型 DW 统计量对应 P 值

自相关问题的处理方法主要采用广义差分法，其中根据估计 ρ 方法的不同，又有不同的处理方法，有 Durbin 两步法、Cochrane-Orcutt 方法和 Hildreth-Lu 方法等。本书只介绍 Hildreth-Lu 方法。

在 gretl 主窗口，点击菜单 Model→Time series→AR errors(GLS)→AR(1)，如图 5-5 所示。在弹出的窗口中，设置变量，如图 5-6 所示，其中，变量 GPW(−1)需要通过点击图中左下角的 lags...来设置。

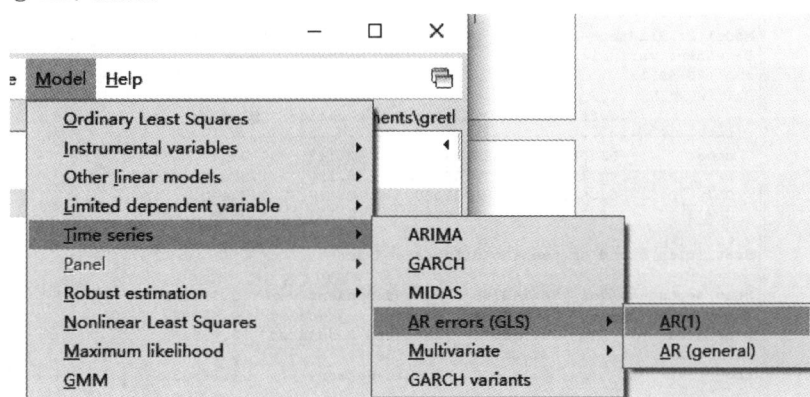

图 5-5　自相关处理

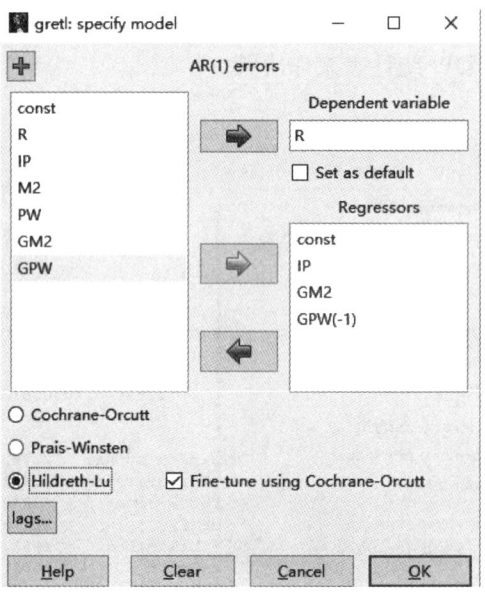

图 5-6　Hildreth-Lu 方法的模型设定

点击 OK，得到估计结果（见图 5-7）及残差平方和与 rho 的关系图（见图 5-8）。

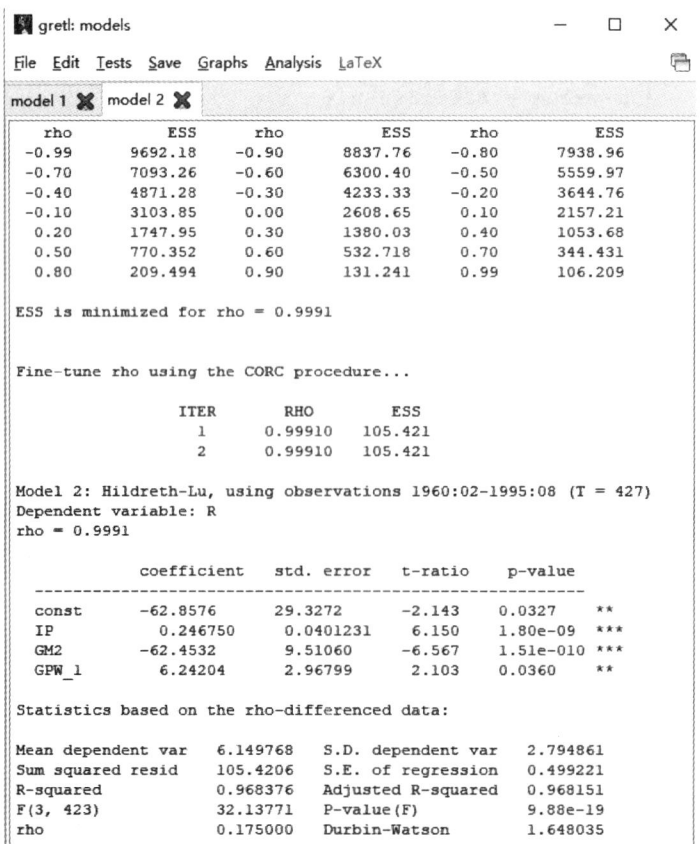

图 5-7　Hildreth-Lu 方法的结果

从图 5-7 的广义差分法的结果可以看出,货币增长率变量 CM2 前面的符号已经变为负号,回归标准误减少很多,模型拟合效果有显著提高。

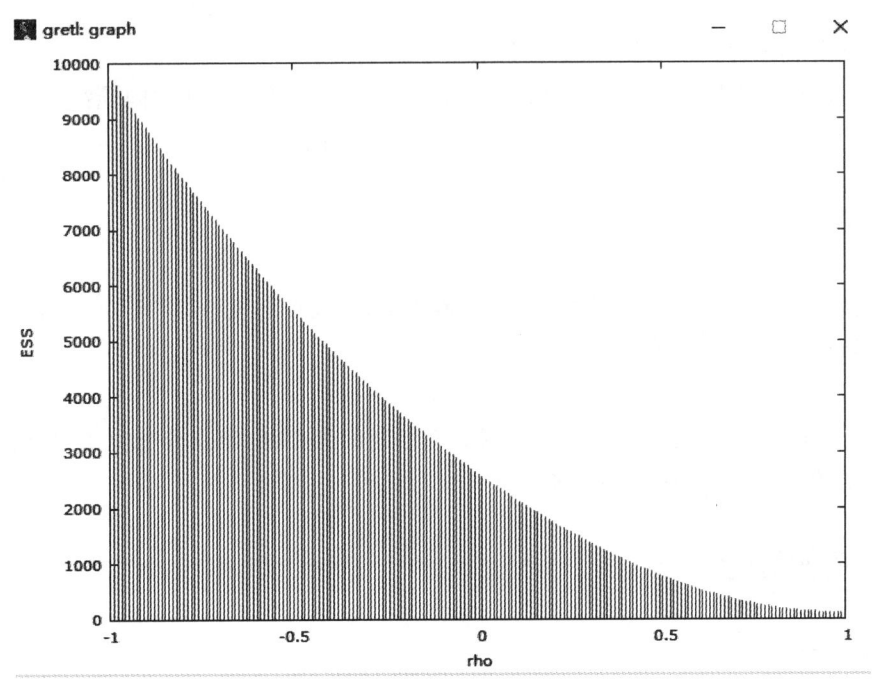

图 5-8　残差平方和与 rho 的关系

采用 Hildreth-Lu 方法后,自相关处理后的残差时序图如图 5-9 所示。

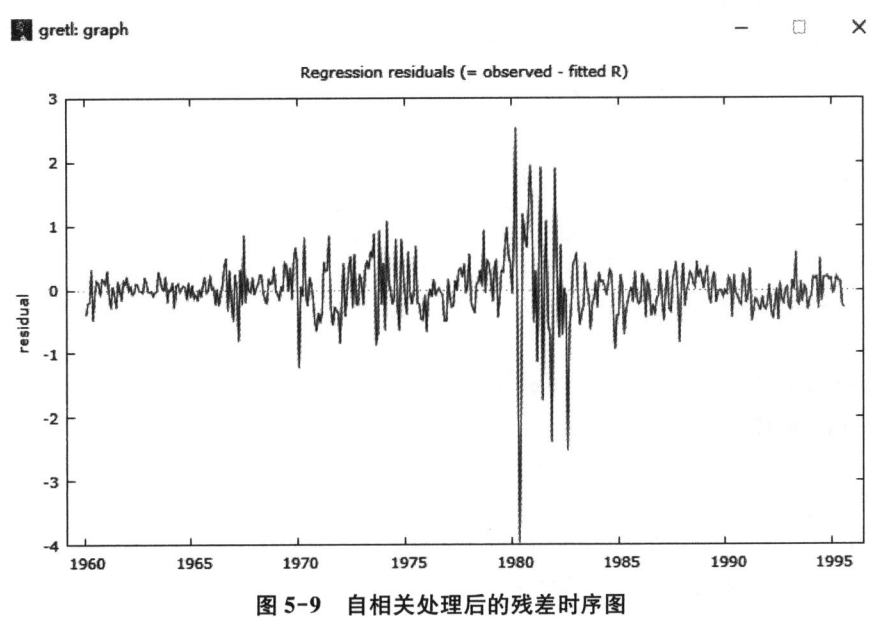

图 5-9　自相关处理后的残差时序图

从图 5-9 可以看到,此时序列相关较之前面的模型已有较好的改观,不过模型中显然还有异方差等现象,但由于模型已能够解释主要的问题,因此这里不再讨论。

四、问题探讨与思考

1. 自相关问题存在时采用 OLS 估计有什么影响？
2. DW 统计量作用是什么？怎样结合 DW 检验临界值判断自相关问题？
3. Cochrane-Orcutt 方法和 Hildreth-Lu 方法有何不同？

五、练习

经济学理论表明，影响居民消费(Y)的因素很多，为简单起见，这里只引入居民收入(X)一个变量作解释变量，即消费模型设定为：

$$Y_i = \beta_0 + \beta_1 X_i + \varepsilon_i$$

数据文件 ex51.xls 中的数据为年度数据，起始时间为 1985 年。分析模型中是否存在自相关现象，若存在，则进行相关的处理。

六、案例程序

1. gretl 程序

【案例 5.1】

open E:\data\data51.xls

setobs 12 1959:01 --time-series

GM2 = (M2 − M2(− 1))/M2(− 1)

GPW = (PW − PW(− 1))/PW(− 1)

smpl 1960:01 1995:08

model1<-ols R 0 IP GM2 GPW(− 1)

uhat1 = $uhat

gnuplot uhat 1 --output = display --with-lines --time-series

model2<-ar1 R 0 IP GM2 GPW(− 1) --hilu

uhat2 = $uhat

gnuplot uhat2 --output = display --with-lines --time-series

2. EViews 程序

【案例 5.1】

wfopen E:\data\data51.xls@freq M 1959M01

series gm2 = (m2 − m2(− 1))/m2(− 1)

series gpw = (pw − pw(− 1))/pw(− 1)

smpl 1960M01 1995M08

equation eq1.ls r c ip gm2 gpw(− 1)

```
show eq1
freeze resid.line
equation eq2.ls r c ip gm2 gpw(-1)ar(1)
show eq2
resid.line
```

第六章

分布滞后模型

一、学习目标

通过对本章的学习,学生应了解分布滞后模型的应用背景,掌握分布滞后模型在实际中的运用,学会利用一般分布滞后模型及多项式分布滞后模型来解决实际问题。

二、案例简介

改革开放以来,我国农业投资已经形成了投资主体多元化、资金来源多渠道、投资方式多样化的新格局。政府、银行、企业、农村集体以及农户等多元主体对农业的投入不断增加,对改善农村生产生活条件、提高农业综合生产能力、实现农产品总量平衡和增加农民收入发挥了重要作用。但是,目前我国农业投资还存在投资总量不足、投资结构不合理、投资效率低下等诸多深层次的矛盾和问题。[案例6.1]运用多项式分布滞后模型对农业投资和农业经济增长数据进行相关的分析和研究。

三、案例分析

【案例6.1】 利用农业总产值(TV)和总投资(Inv)等数据,运用如下的有限分布滞后模型来描述农业投资对农业生产和农业经济增长的作用:

$$TV_t = \alpha + \sum_{i=0}^{p} \beta_i Inv_{t-i} + \varepsilon_t$$

其中:

TV_t——t 年农业总产值;

Inv_{t-i}——t 年前 i 年的农业投资。

本案例的数据如表6-1所示。

表6-1 农业总产值和总投资数据

年份	农业总产值 TV_t	总投资	调整投资值 Inv_t	价格指数（上年=100）	价格指数（2000年=100）
1980	126.25	1.82	5.13	101.43	35.42
1981	133.85	4.50	12.48	101.91	36.10
1982	135.52	4.81	13.07	102.07	36.84
1983	169.96	5.55	15.00	100.48	37.02
1984	200.07	6.01	15.92	101.92	37.73
1985	245.21	6.81	17.26	104.53	39.44
1986	279.15	7.09	17.21	104.42	41.19
1987	348.61	11.52	25.57	109.42	45.07
1988	473.78	20.45	36.04	125.91	56.74

(续表)

年份	农业总产值 TV_t	总投资	调整投资值 Inv_t	价格指数（上年=100）	价格指数（2000年=100）
1989	548.60	22.36	32.97	119.51	67.81
1990	600.71	39.26	59.55	97.22	65.93
1991	654.82	47.35	71.24	100.81	66.46
1992	737.11	61.95	91.11	102.30	67.99
1993	899.03	96.41	122.77	115.50	78.53
1994	1 151.38	158.56	174.37	115.80	90.94
1995	1 445.48	228.83	209.18	120.30	109.40
1996	1 577.89	287.10	250.66	104.70	114.54
1997	1 656.46	302.20	268.68	98.20	112.48
1998	1 705.44	253.90	237.87	94.90	106.74
1999	1 745.02	176.04	172.70	95.50	101.94
2000	1 701.18	191.63	191.63	98.10	100.00
2001	1 722.35	184.50	190.01	97.10	97.10
2002	1 781.06	261.82	274.03	98.40	95.55
2003	1 908.66	228.40	240.01	99.60	95.16
2004	2 154.79	356.01	341.96	109.40	101.11
2005	2 447.57	376.41	341.73	105.80	110.15
2006	2 678.26	478.38	423.30	102.60	113.01

模型中的 β_i 表示第 t 年前 i 年的农业投资对第 t 年的农业总产值的边际贡献。一般来说，农业投资在所建项目完工之后就可以发挥效益。随着项目配套设施的完成和完善，投资的作用强度会开始逐渐提高，并在一定时期达到最高点。之后，随着项目的逐渐老化，投资的作用强度也将不断减弱，并最终变为零。因此，可以将 β_i 看成是时间变量的非线性函数。由 Weiestrass 定理可知，在有限区间内的任何连续函数，都可以用一个适当的多项式来逼近。设 β_i 可以用滞后长度 i 的适当阶的多项式来逼近：

$$\beta_i = \alpha_0 + \sum_{n=1}^{k} i^n \alpha_n$$

这是以 i 表示的 k 阶多项式，一般假定 k 小于滞后的项数 p，这样的有限分布滞后模型常称为阿尔蒙多项式分布滞后模型。

本案例中农业投资具体为农业内部积累（集体和农户用于农业生产的投资）、国家财政支农资金和农业贷款年底余额增加之和。为了反映农业投资的实际变动，这里利用农业生产资料价格指数对历年的农业投资额进行了修正（设 2000 年价格指数为 100）。

对于多项式分布滞后模型，通常安装的 gretl 软件中没有自带，不过可以安装这个函数包。软件主窗口中点击菜单 Help→Packages，得到获取函数包的窗口，如图 6-1 所示。

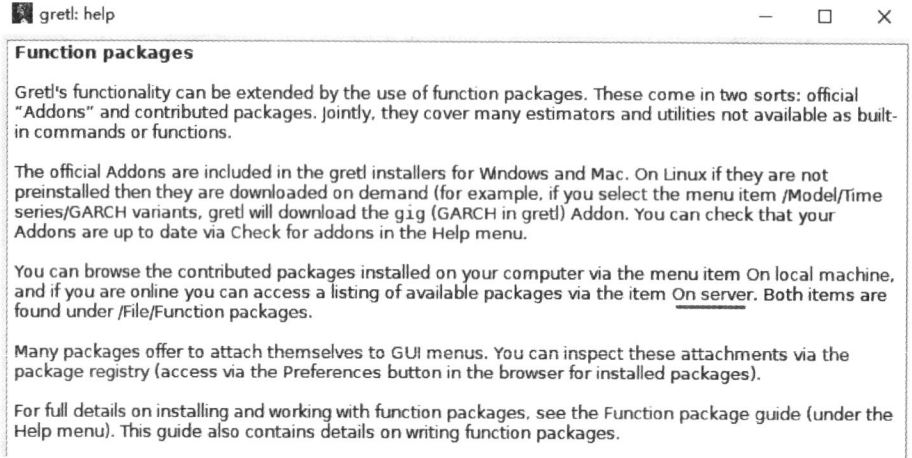

图 6-1　取得函数包帮助窗口

在图 6-1 中,点击 Onserver,打开服务器中的所有函数包,如图 6-2 所示。

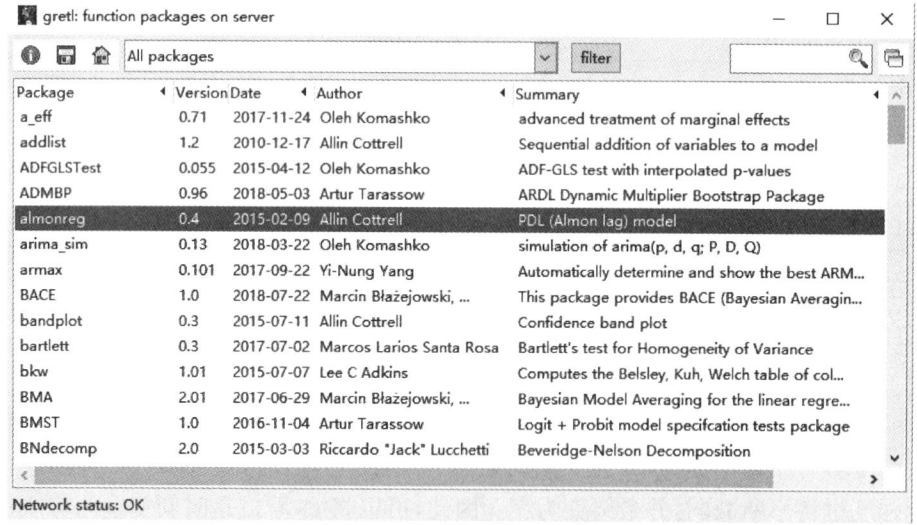

图 6-2　服务器上的函数包

选中 almonreg,点击右键,选择 install,如图 6-3 所示。

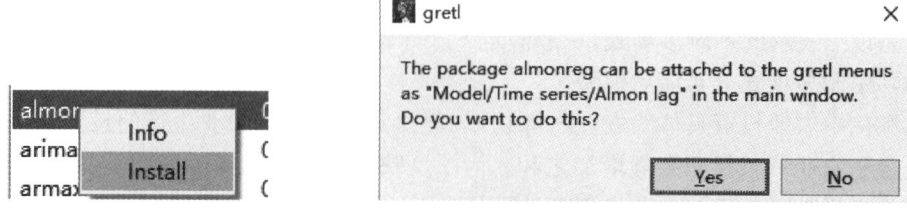

图 6-3　安装函数包　　　　　图 6-4　函数包安装确认

弹出函数包安装确认窗口,如图 6-4 所示。

点击 Yes，则会在 gretl 软件的菜单 Model→Time series 下出现 Almon lag 选项，如图 6-5 所示。现在就可以直接利用 gretl 软件进行多项式分布滞后模型分析。

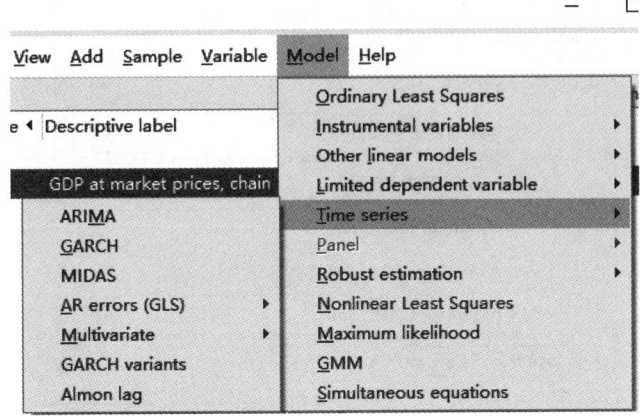

图 6-5　多项式分布滞后函数包安装成功

为了初步判断滞后的项数 p，可以作出变量 TV 和 Inv 的交叉相关图。在主窗口中选中变量 TV 和 Inv，点右键选 Cross-correlogram，在弹出窗口中的 Lag order 中输入"6"，得到交叉相关图，如图 6-6 所示。

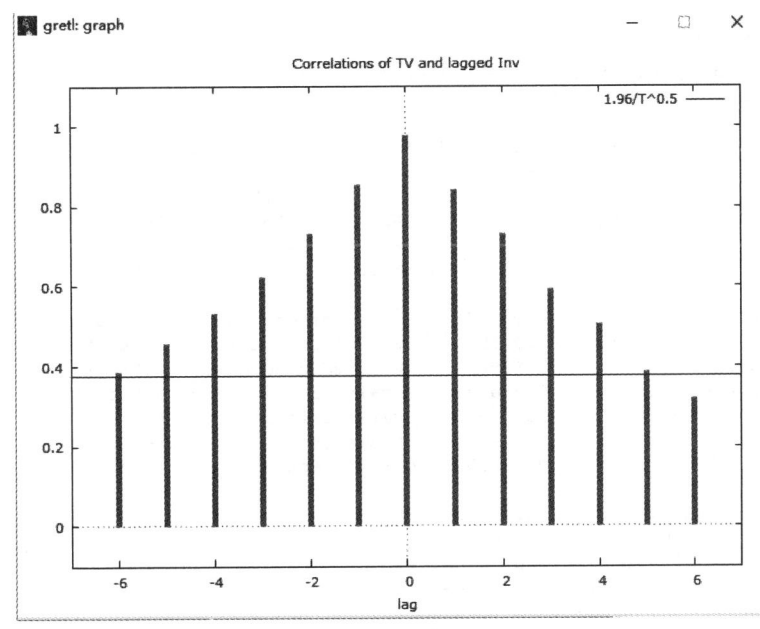

图 6-6　交叉相关图

由图 6-6 的交叉相关图可以看到，滞后 5 期的那根柱子超出临界线，表明 TV 和滞后 5 期的 Inv 在 5%的显著性水平下显著相关，因此初步判定 p 为 5。k 值一般取 2，3 或 4，结合滞后变量对 TV 影响的显著性，这里确定取 2。打开 almon lag 窗口，设定内容如图 6-7 所示。

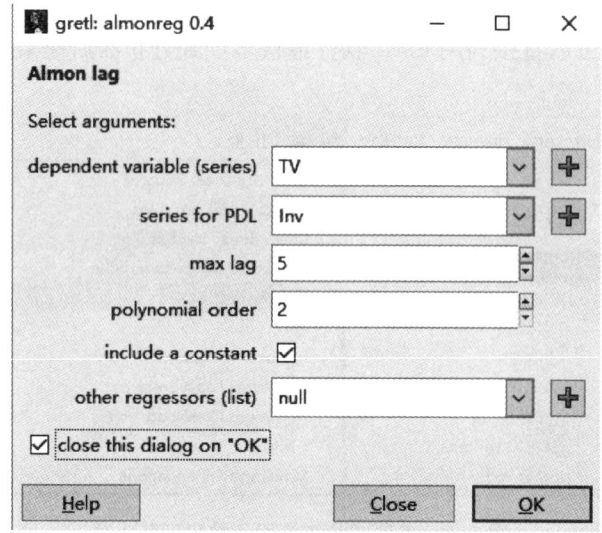

图 6-7　多项式分布滞后模型的设定

点击 OK，便得到多项式分布滞后模型的结果，如图 6-8 所示。

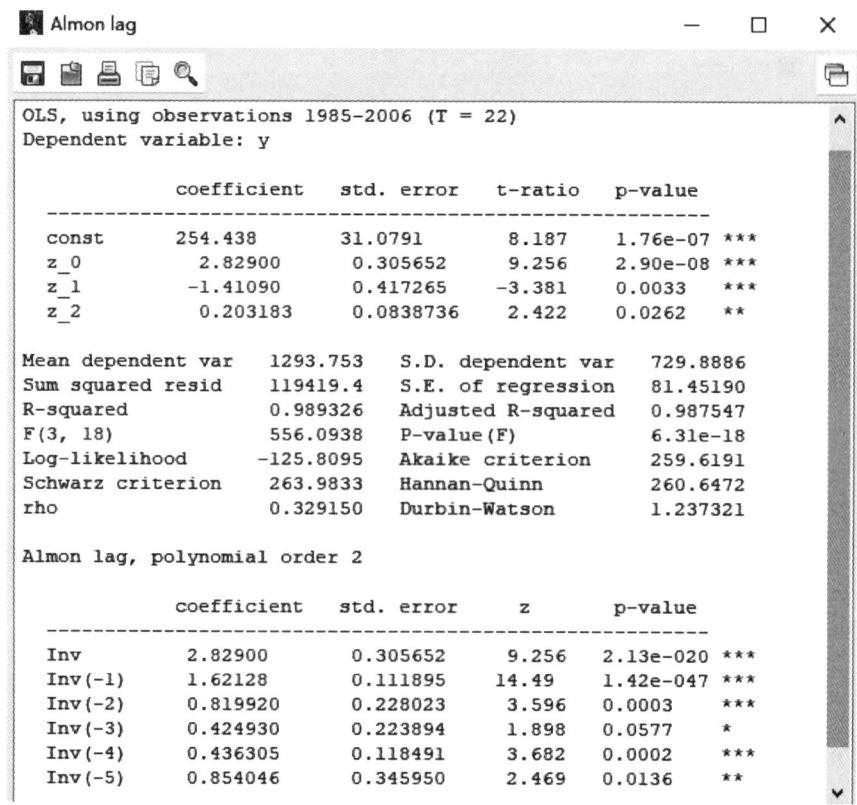

图 6-8　多项式分布滞后模型的结果

这样，最终得到的模型为：

$$\widehat{TV}_t = 254.44 + 2.83Inv_t + 1.62Inv_{t-1} + 0.82Inv_{t-2} + 0.42Inv_{t-3} + 0.44Inv_{t-4} + 0.85In_{t-5}$$
$$\quad\quad\quad (8.17)\quad (9.26)\quad\quad (14.49)\quad\quad (3.60)\quad\quad (1.90)\quad\quad (3.68)\quad\quad (2.47)$$
$$R^2 = 0.989 \quad \overline{R}^2 = 0.988 \quad F = 556.094$$

括号内为 t 统计量值。

由此可以得出结论,农业投资对农业总产值的影响存在显著的滞后影响,单位投资带来农业总产值总的增加为 6.98(自变量当期和滞后期系数和),即农业投资对促进农业经济增长的作用是巨大的。农业投资对农业总产值的影响从滞后时间看,先是逐渐减弱,后越接近当前时间影响越大。

四、问题探讨与思考

1. 分布滞后模型的作用是什么?
2. 如何确定滞后的阶数?

五、练习

利用多项式分部滞后模型,根据数据文件 ex61.xls,分析某水库水流量(Y)与降雨量(X)之间关系。

六、案例程序

1. gretl 程序

【案例 6.1】
open E:\data\data61.xls
xcorrgm TV Inv 6
scalar p = 5
scalar q = 2
ALMON<-almonreg(TV,Inv,p,q)

2. EViews 程序

【案例 6.1】
wfopen E:\data\data61.xls @freq A 1980
cross(6)tv inv
scalar p = 5
scalar q = 2
ls tv c PDL(inv,5,2)

第七章

时间序列模型

一、学习目标

通过对本章的学习,学生应掌握时间序列一些常用的模型,如 ARMA 模型、ARIMA 模型、季节 ARIMA 模型、波动率模型、向量自回归模型、协整和误差修正模型等,并能够利用相关模型解决一些实际的问题。

二、案例简介

[案例 7.1] 以 1953—2004 年中国实际国内生产总值数据拟合 ARIMA 模型,并就拟合的 ARIMA(3,1,3)模型进行外推预测,对 2005 年的实际国内生产总值进行了预测。

[案例 7.2] 以 1996 年 1 月到 2010 年 9 月中国货币供应量 M1 的数据,对 M1 构建了相应的季节 ARIMA 模型。

波动率的研究是金融领域里的一个非常重要的内容,比如在金融资产定价、风险管理等领域,都必须进行波动率的估计和预测,这就要求我们能建立一个合适的关于波动率的模型,以便得到所需的波动率的估计和预测值。在波动率的模型中,(G)ARCH 类模型是应用较广的一类模型。[案例 7.3] 构建了上海证券综合指数(后简称上证综指)收益的波动率模型,并利用构建的模型对上证综指收益的波动率进行预测。

国内外实证研究表明,进出口贸易额之间联系密切,存在着协整关系。[案例 7.4] 以 1952—1991 年的中国进出口贸易总额及价格指数数据,建模实际进出口贸易总额。具体包括 VAR 模型估计、VAR 模型滞后期的选择、VAR 模型平稳性检验、VAR 模型预测、协整检验等。

改革开放 40 多年来,中国经济取得了持续高速的发展,然而伴随着经济的高速增长,能源消费量也在飞速增加。[案例 7.5] 中以实际 GDP 来表示经济增长,利用协整技术,得出经济增长和能源消费量两者之间存在着显著的长期关系,并利用误差修正模型,得到两者之间长期关系失衡后的短期调整行为。根据建立起来的 GDP 和能源消费之间的关系,对下一年度能源消费量和实际 GDP 进行预测。这样结合预测值,就可以提前做到合理安排能源的开发利用,以防下年度因可能出现的能源供应问题而导致对经济增长的影响。此外,根据得出的两者之间的关系,还可以结合实际经济发展状况,合理使用能源,以做到经济的可持续发展。

三、案例分析

【案例 7.1】 ARIMA 模型。对 1953—2004 年中国实际国内生产总值数据建立适合的 ARIMA 模型,并利用所建立的模型进行样本外的预测。本例所用数据如表 7-1 所示。

表 7-1　　　　　　　　1953—2004 年中国实际国内生产总值

Year	RGDP	Year	RGDP	Year	RGDP
1953	796.9	1971	2 274.5	1989	7 483.8
1954	804.2	1972	2 365.2	1990	8 040.2

(续表)

Year	RGDP	Year	RGDP	Year	RGDP
1955	843.5	1973	2 540.5	1991	9 106.9
1956	952.9	1974	2 591.9	1992	10 646.9
1957	975.4	1975	2 779.1	1993	12 228.7
1958	1191.2	1976	2 721.2	1994	13 565.9
1959	1 299.9	1977	2 901.8	1995	14 778.6
1960	1 276.5	1978	3 261.7	1996	16 169.4
1961	919.9	1979	3 563.1	1997	17 595.6
1962	834.6	1980	3 760.6	1998	19 007.1
1963	952.0	1981	3 952.6	1999	20 526.0
1964	1 165.5	1982	4 223.8	2000	22 717.7
1965	1 413.8	1983	4 664.2	2001	24 909.4
1966	1 543.6	1984	5 482.5	2002	27 275.3
1967	1 623.3	1985	6 299.3	2003	30 474.3
1968	1 575.2	1986	6 763.3	2004	40 373.6
1969	1 791.3	1987	7 390.7		
1970	2 096.9	1988	7 783.2		

ARMA 模型形式如下：

$$\phi(L)y_t = \theta(L)\varepsilon_t$$

其中，$\phi(L)$ 和 $\theta(L)$ 是滞后算子 L 的多项式，滞后算子的定义为 $L^n x_t = x_{t-n}$，ε_t 是白噪声过程。

这是针对平稳序列 y_t 所建立的模型，若 y_t 非平稳，常用的做法则是对其进行差分，再进行 ARMA 建模，这便是 ARIMA 模型。gretl 软件中的 ARIMA 模型的函数为 arima p d q；序列 y_t 的 ARIMA(p,d,q) 意指对序列 y_t 的 d 阶差分序列 $\Delta^d y_t$ 建立 ARMA(p,q) 模型。实际建模中 y_t 可以为其均值，也可以是回归模型的随机误差项。

下面介绍具体的建模操作，首先把表 7-1 的数据导入 gretl 软件，查看序列 RGDP 的时序图，如图 7-1 所示。

由图 7-1 可以看到，实际国内生产总值具有非常显著的非线性趋势，为了减少 RGDP 的变动趋势及异方差性，对其进行对数处理，得到序列 l_RGDP 的时序图，如图 7-2 所示。

再对 l_RGDP 进行单位根检验。一般地，对于任意变量 y_t，检验零假设 $y_t \sim I(1)$ 相当于检验 $\Delta y_t = y_t - y_{t-1}$ 是平稳的。ADF 单位根检验过程基于 OLS 回归式：

$$y_t = \beta' D_t + \phi y_{t-1} + \sum_{i=1}^{p} \Psi_i \Delta y_{t-1} + \varepsilon_t \text{ 或 } \Delta y_t = \beta' D_t + (\phi - 1)y_{t-1} + \sum_{i=1}^{p} \Psi \Delta y_{t-i} + \varepsilon_t$$

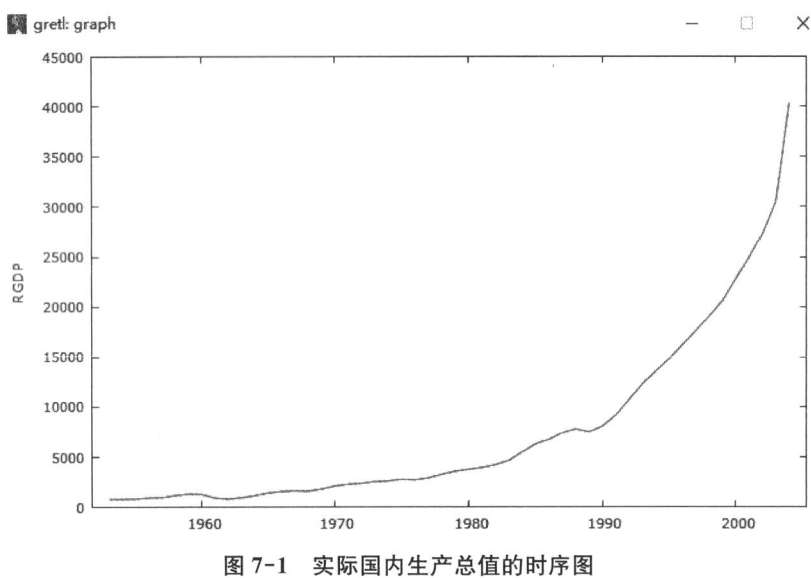

图 7-1 实际国内生产总值的时序图

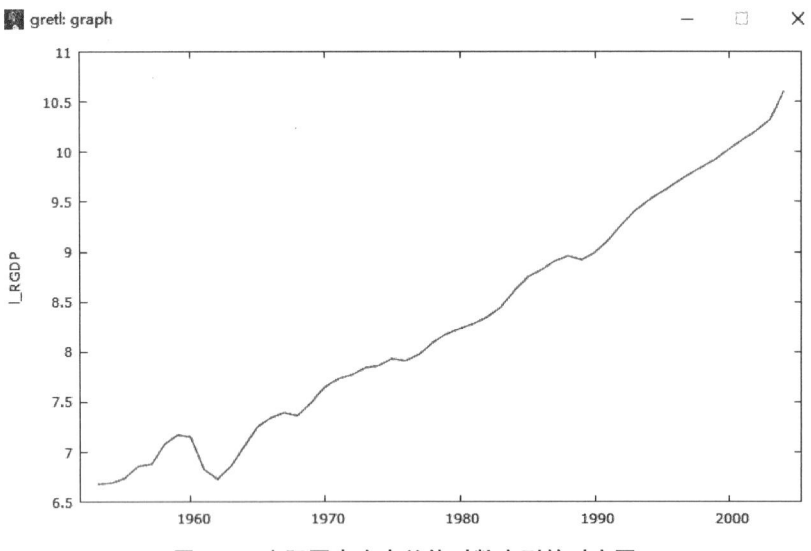

图 7-2 实际国内生产总值对数序列的时序图

式中，D_t 表示决定项（如截距，趋势）。零假设 $y_t \sim I(1)$ 意味着上式中 $\phi=1$。ADF 统计量为：$ADF_t = t_{\phi=1} = (\hat{\phi}-1)/SE(\hat{\phi})$。

零假设成立时，这就是通常的 t 检验。实施 ADF 检验的一个重要的实际问题是滞后长度 p 的设定，若 p 太小，则误差项中的序列相关将带来检验的偏差；若 p 太大，则削弱了检验的力度。因此，选择合适的 p 是至关重要的。目前一个常用的做法是根据 Schwert（1989）提出的规则，即 $p_{\max} = [12 \times (T/100)^{1/4}]$，这里方括号内为取整运算。

ADF 单位根检验具体操作为：在 gretl 软件的主窗口中点击菜单 Varialbe→Unit root tests→Augmented Dickey→Fuller test，如图 7-3 所示。

弹出 ADF 单位根检验的设定窗口，如图 7-4 所示。

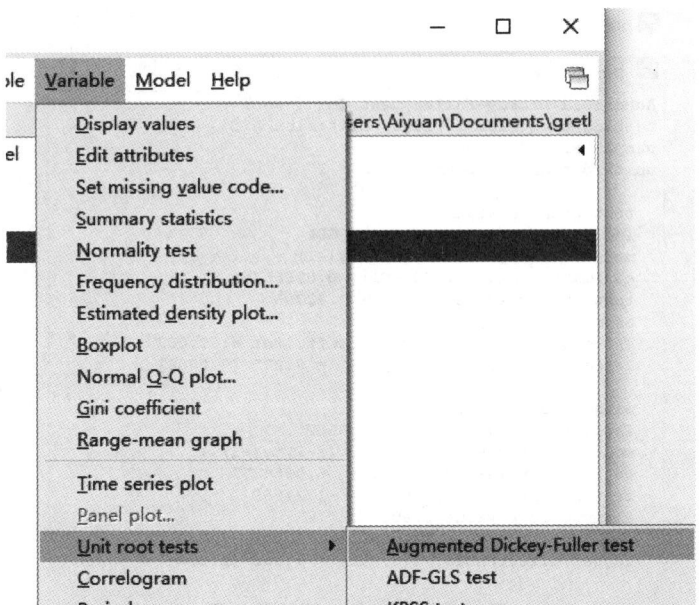

图 7-3 ADF 单位根检验

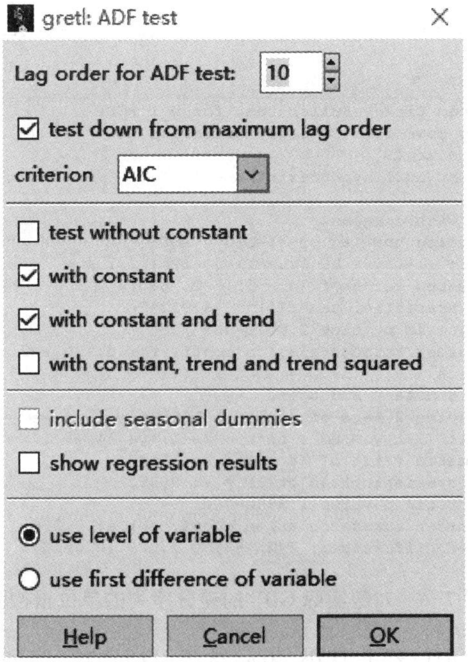

图 7-4 ADF 单位根检验设定

根据前面的公式,滞后项自动设为 10,其他选择如图 7-4 所示,点击 OK,得到检验结果,如图 7-5 所示。

从图 7-5 的结果看,不管是含截距项或含截距项和趋势项,由于 P 值接近 1 和大于 0.9,因此表明序列 l_RGDP 存在单位根。

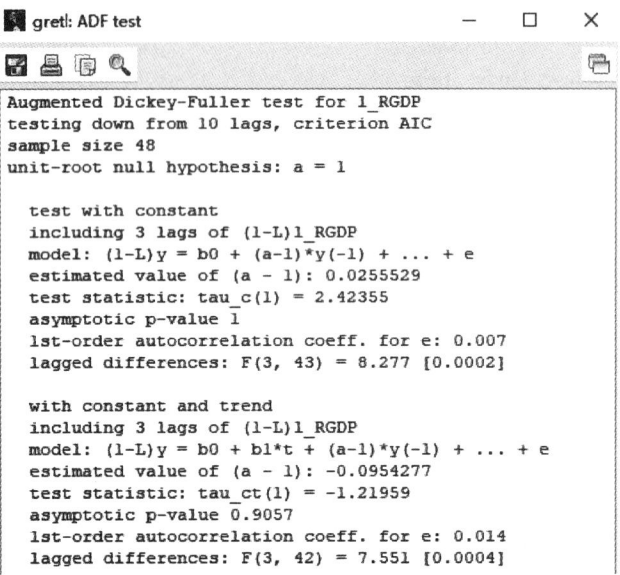

图7-5 ADF单位根检验结果

对序列l_RGDP取一阶差分,再对其差分序列进行单位根检验,如图7-6所示。

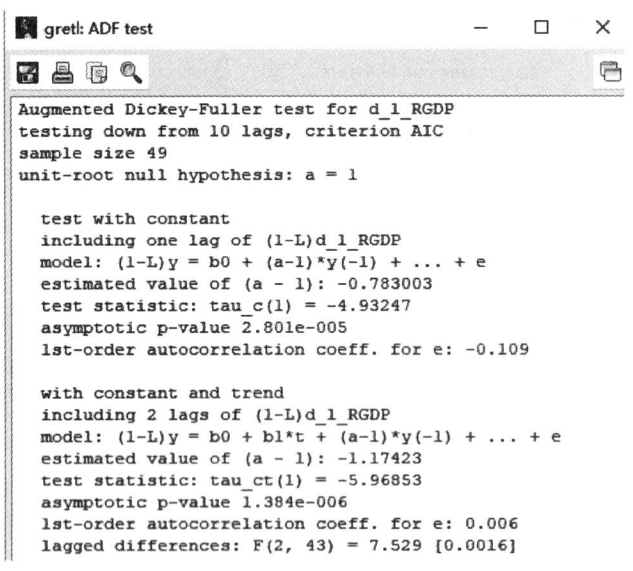

图7-6 对数实际GDP的差分序列的单位根检验

根据图7-6的结果,P值已经非常小,由此结果可以得出,序列l_RGDP的差分序列d_l_RGDP已经是平稳的。

查看序列d_l_RGDP的自相关和偏自相关函数。点击菜单Variable→Correlogram,如图7-7所示。

在弹出的窗口中进行滞后项数的设定,如图7-8所示,点击OK,便得到对数实际GDP的差分序列自相关和偏自相关的函数值和函数图,分别如图7-9和图7-10所示。

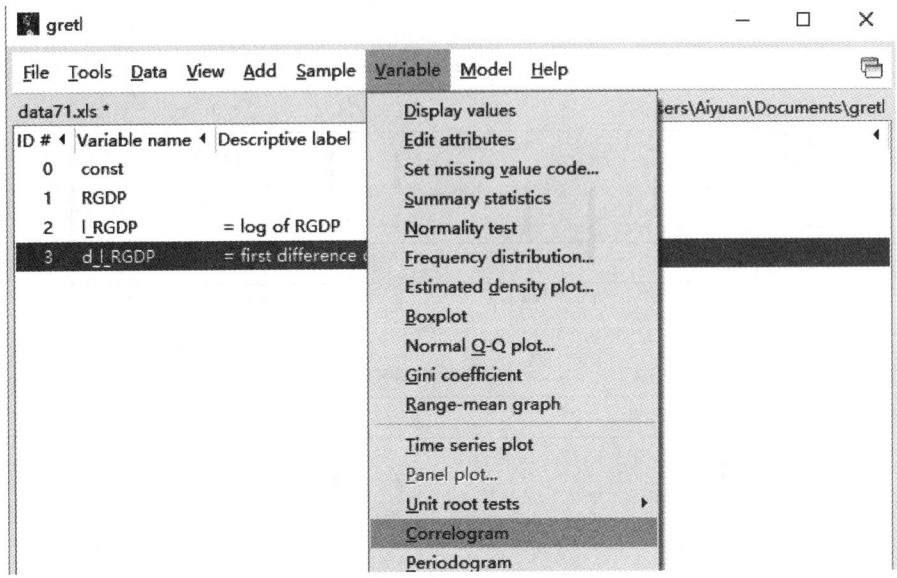

图 7-7 检查序列的相关性

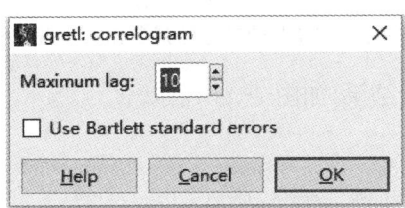

图 7-8 滞后项数的设定

```
Autocorrelation function for d_l_RGDP
***, **, * indicate significance at the 1%, 5%, 10% levels
using standard error 1/T^0.5

  LAG      ACF           PACF         Q-stat. [p-value]

   1    0.3840   ***    0.3840  ***    7.9705  [0.005]
   2   -0.1138          -0.3064  **    8.6844  [0.013]
   3   -0.3914   ***   -0.2806  **    17.3129  [0.001]
   4   -0.2401   *      0.0162        20.6274  [0.000]
   5   -0.0310         -0.0461        20.6840  [0.001]
   6    0.1784          0.0783        22.5964  [0.001]
   7    0.2337   *      0.0956        25.9523  [0.001]
   8    0.0158         -0.1405        25.9679  [0.001]
   9   -0.0988          0.0575        26.5963  [0.002]
  10   -0.0928          0.0452        27.1642  [0.002]
```

图 7-9 对数实际 GDP 的差分序列自相关和偏自相关函数值

由图 7-10 的自相关和偏自相关函数图可以看出,两者都是在滞后三期后落在两条区间线之内,因此可以考虑建模 ARMA(3,3)。

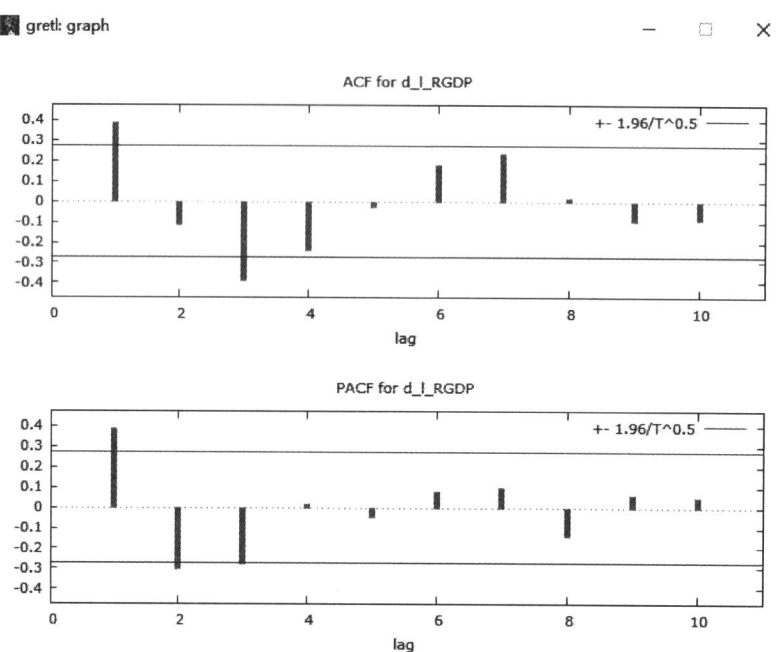

图 7-10 对数实际 GDP 的差分序列自相关和偏自相关函数图

ARMA(3,3)模型的拟合结果,如图 7-11 所示。

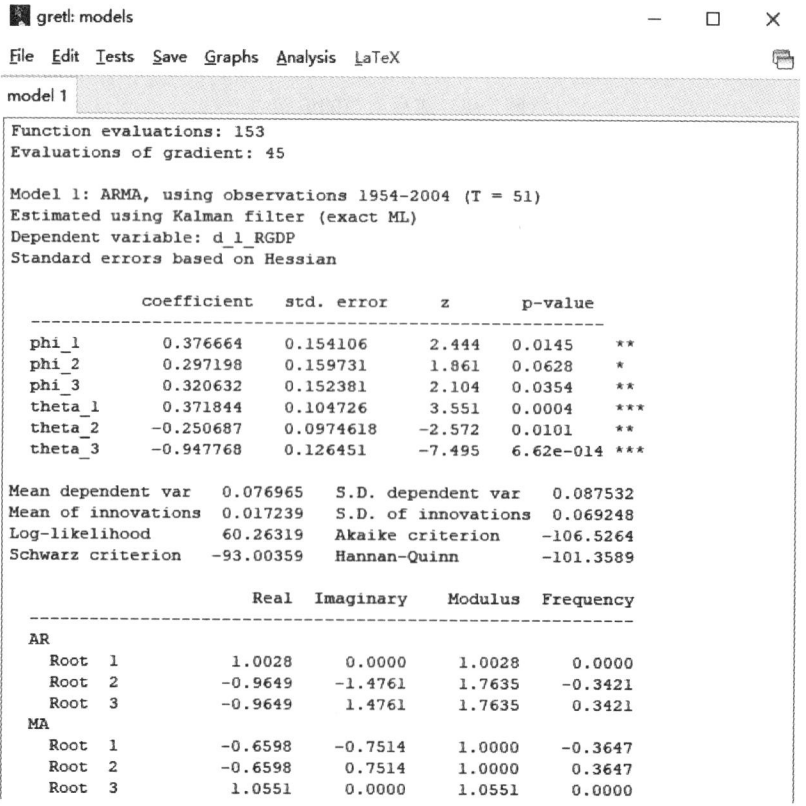

图 7-11 对数实际 GDP 的差分序列 ARMA(3,3)模型的结果

利用构建的模型进行预测,在模型窗口中点击菜单 Analysis→Forecasts...,如图 7-12 所示。

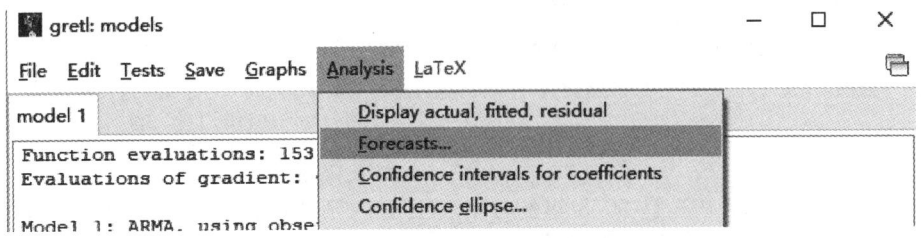

图 7-12　利用 ARMA(3,3)模型进行预测

弹出增加观测值数目窗口,如图 7-13 所示,在 Number of observations to add:后的编辑栏内填入数值 1,点击 OK,弹出窗口,如图 7-14 所示。

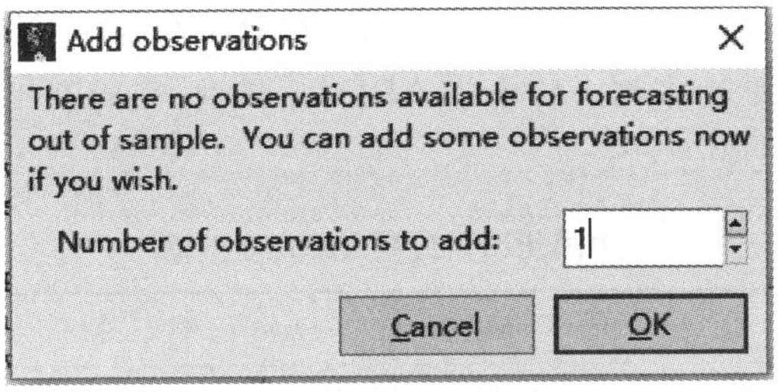

图 7-13　增加观测值数目

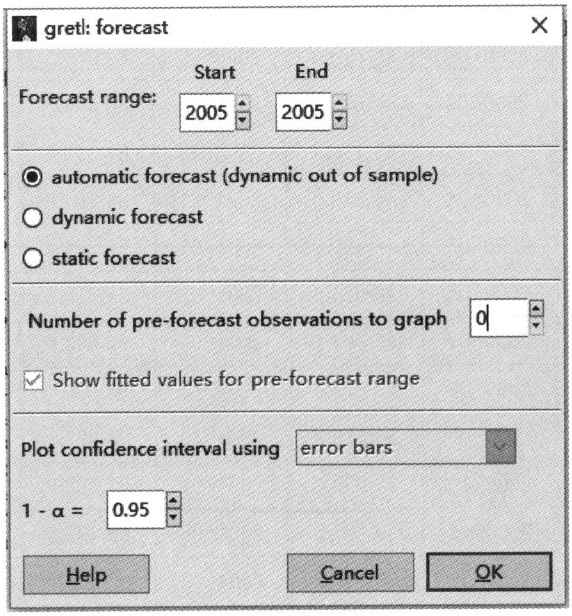

图 7-14　预测设定

按图 7-14 所示进行预测设定,点击 OK,得到预测结果,如图 7-15 所示。

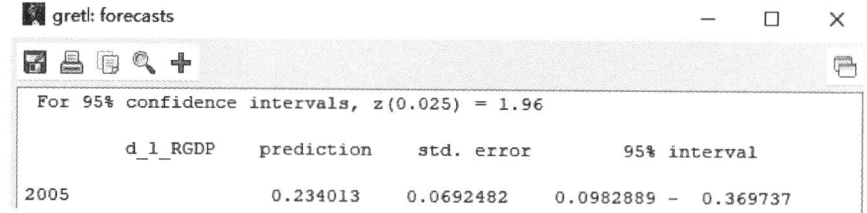

图 7-15 预测结果

图 7-15 中的 0.234 013 是 2005 年的 d_l_RGDP 的预测值,加上 2004 年 l_RGDP 的值就可以得到 2005 年 l_RGDP 的预测值,为 10.839 94,再对这个预测值取反对数就可以得到 2005 年近似的实际国内生产总值的预测值,为 51 018.32 亿元。

特别的,这里对序列 d_l_RGDP 建立了 ARMA(3,3)模型,这和对序列 l_RGDP 建立 ARIMA(3,1,3)模型所得到的参数估计及预测结果是一致的,不再赘述。

【案例 7.2】 季节 ARIMA 模型。本案例拟选取 1996 年 1 月至 2010 年 9 月中国货币供应量 M1 的数据,对 M1 构建相应的季节 ARIMA 模型,同时利用该模型进行外推预测分析。本案例所用数据如表 7-2 所示。

表 7-2　　　　　　　　　中国货币供应量 M1 月度数据　　　　　　　　单位:亿元

Date	M1	Date	M1	Date	M1	Date	M1
1996-01	25 195.0	1999-10	42 265.0	2003-07	76 152.8	2007-04	127 677.8
1996-02	25 255.6	1999-11	43 370.0	2003-08	77 033.0	2007-05	130 275.8
1996-03	23 909.0	1999-12	45 837.2	2003-09	79 163.9	2007-06	135 847.4
1996-04	24 145.0	2000-01	46 570.0	2003-10	80 267.1	2007-07	136 237.4
1996-05	24 463.0	2000-02	44 679.2	2003-11	80 814.9	2007-08	140 993.2
1996-06	24 600.0	2000-03	45 158.4	2003-12	84 118.6	2007-09	142 591.6
1996-07	25 078.0	2000-04	46 319.0	2004-01	83 805.9	2007-10	144 649.3
1996-08	25 729.5	2000-05	46 490.2	2004-02	83 556.4	2007-11	148 009.8
1996-09	26 230.0	2000-06	48 024.4	2004-03	85 815.6	2007-12	152 519.2
1996-10	26 798.2	2000-07	47 803.1	2004-04	85 603.6	2008-01	154 872.6
1996-11	27 422.0	2000-08	48 885.0	2004-05	86 780.4	2008-02	150 177.9
1996-12	28 515.0	2000-09	50 616.9	2004-06	88 627.1	2008-03	150 867.5
1997-01	30 573.0	2000-10	49 953.0	2004-07	87 982.2	2008-04	151 681.4
1997-02	29 103.0	2000-11	50 787.5	2004-08	89 125.3	2008-05	153 344.8
1997-03	29 058.0	2000-12	53 147.2	2004-09	90 439.1	2008-06	154 820.2
1997-04	29 991.0	2001-01	54 406.2	2004-10	90 782.5	2008-07	154 992.4
1997-05	30 275.0	2001-02	51 997.3	2004-11	92 387.1	2008-08	156 889.9
1997-06	31 074.0	2001-03	53 033.4	2004-12	95 969.7	2008-09	155 749.0

(续表)

Date	M1	Date	M1	Date	M1	Date	M1
1997-07	31 100.0	2001-04	53 261.3	2005-01	97 079.0	2008-10	157 194.4
1997-08	31 595.0	2001-05	52 543.0	2005-02	92 815.0	2008-11	157 826.6
1997-09	32 245.0	2001-06	55 187.4	2005-03	94 743.2	2008-12	166 217.1
1997-10	32 422.0	2001-07	53 502.8	2005-04	94 593.7	2009-01	165 214.3
1997-11	32 909.0	2001-08	55 808.9	2005-05	95 802.0	2009-02	166 149.6
1997-12	34 826.3	2001-09	56 824.0	2005-06	98 601.3	2009-03	176 541.1
1998-01	35 585.6	2001-10	56 114.9	2005-07	97 674.1	2009-04	178 213.6
1998-02	33 395.0	2001-11	56 579.6	2005-08	99 377.7	2009-05	182 025.6
1998-03	33 110.0	2001-12	59 871.6	2005-09	100 964.0	2009-06	193 138.2
1998-04	33 360.0	2002-01	60 576.1	2005-10	101 752.0	2009-07	195 889.3
1998-05	33 553.0	2002-02	58 702.9	2005-11	104 125.8	2009-08	200 394.8
1998-06	33 776.0	2002-03	59 474.8	2005-12	107 278.7	2009-09	201 708.1
1998-07	34 356.0	2002-04	60 461.3	2006-01	107 250.7	2009-10	207 545.7
1998-08	35 050.0	2002-05	61 284.9	2006-02	104 357.1	2009-11	212 493.2
1998-09	36 501.0	2002-06	63 144.0	2006-03	106 737.1	2009-12	220 001.5
1998-10	36 786.7	2002-07	63 487.8	2006-04	106 389.1	2010-01	229 589.0
1998-11	37 414.0	2002-08	64 868.8	2006-05	109 219.2	2010-02	224 287.0
1998-12	38 953.7	2002-09	66 797.0	2006-06	112 342.4	2010-03	229 397.9
1999-01	39 011.0	2002-10	67 100.3	2006-07	112 653.0	2010-04	233 909.8
1999-02	38 749.0	2002-11	67 992.8	2006-08	114 845.7	2010-05	236 497.9
1999-03	38 054.0	2002-12	70 882.1	2006-09	116 814.1	2010-06	240 580.0
1999-04	38 053.0	2003-01	72 405.7	2006-10	118 360.0	2010-07	240 664.1
1999-05	38 004.0	2003-02	69 756.6	2006-11	121 645.0	2010-08	244 340.6
1999-06	38 822.0	2003-03	71 438.8	2006-12	126 035.1	2010-09	243 802.4
1999-07	38 991.0	2003-04	71 321.2	2007-01	128 484.1		
1999-08	40 095.0	2003-05	72 777.8	2007-02	126 258.1		
1999-09	41 914.0	2003-06	75 923.2	2007-03	127 881.3		

季节 ARMA 模型形式如下：

$$\phi(L)\Phi(L^s)y_t = \theta(L)\Theta(L^s)\varepsilon_t$$

gretl 软件中的函数形式为：arima p d q;P D Q;y。

这里 p 和 q 为非季节 AR 和 MA 的阶,P 和 Q 为季节的阶,d 和 D 则是针对非季节和季节的差分。例如,命令 arima １ ０ １;１ ０ １;y 就是估计如下的模型：

$$(1-\phi L)(1-\Phi L^s)y_t = (1+\theta L)(1+\Theta L^s)\varepsilon_t$$

接下来将对序列 M1 建立合适的季节 ARIMA 模型。

先判断序列 M1 的平稳性。为了直观地判断时序的平稳与否,首先绘制出货币供给量 M1 的时序图,如图 7-16 所示。

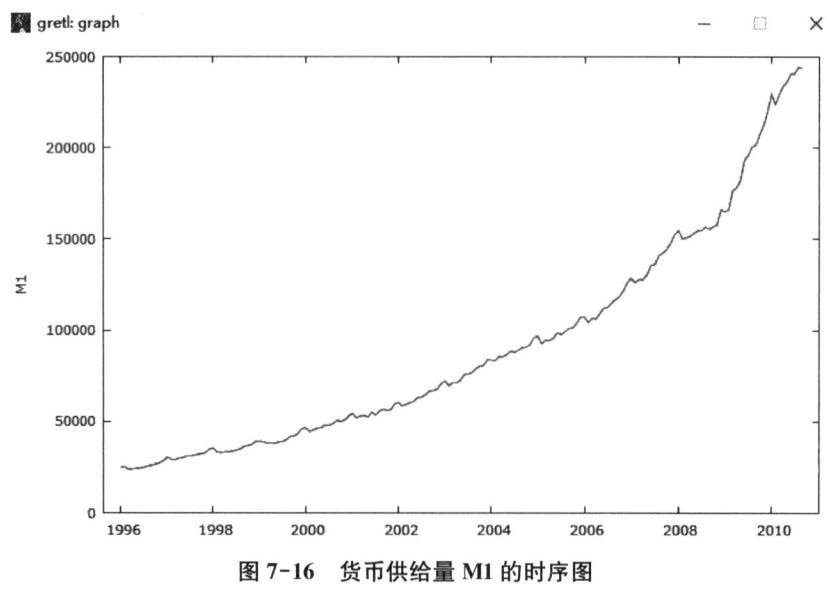

图 7-16 货币供给量 M1 的时序图

从图 7-16 中可以看出,M1 序列具有较强的非线性趋势性,因此,从图形中可以初步判断该序列是非平稳的。此外,M1 在每年同时期出现相同的变动方式,表明 M1 还存在季节性特征。下面对 M1 的平稳性和季节性进行进一步检验。

1. 单位根检验

为了减少 M1 的变动趋势及异方差性,对 M1 进行对数处理,记为 LM1,其时序图如图 7-17 所示。

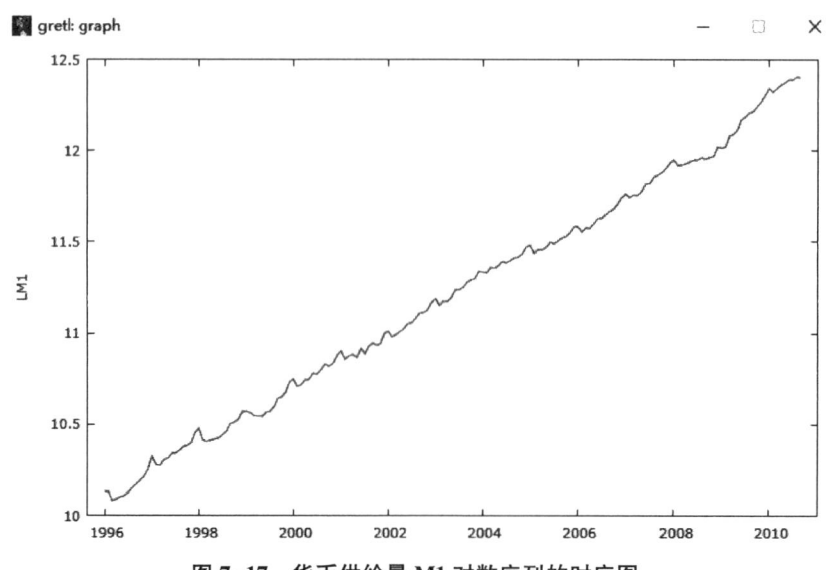

图 7-17 货币供给量 M1 对数序列的时序图

取对数后的货币供给量序列的趋势性依然明显。下面观察 LM1 的自相关图,点击菜单 Variable→Correlogram,在弹出的窗口中选择滞后期为 24,点击 OK,得到货币供给量 M1 对数序列的自相关和偏自相关函数值和函数图,分别如图 7-18 和图 7-19 所示。

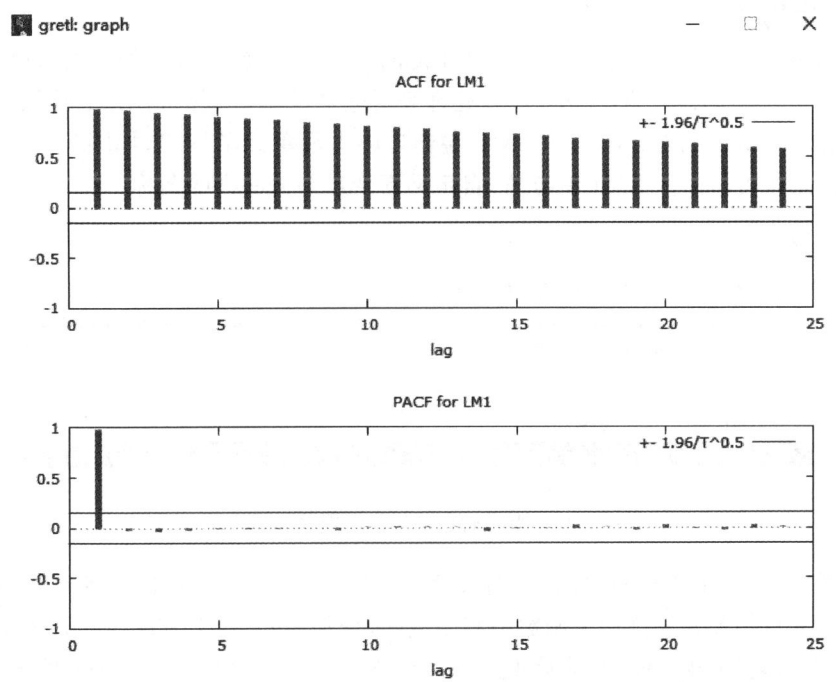

图 7-18 货币供给量 M1 对数序列的自相关和偏自相关函数值

图 7-19 货币供给量 M1 对数序列的自相关和偏自相关函数图

从图 7-19 的结果可以看出,LM1 的 PACF 只在滞后一期时是显著的,而 ACF 则是缓慢衰减,因此,从自相关和偏自相关系数可以看出该序列呈现一定的平稳性。

进一步对 LM1 进行单位根检验。

具体操作为,在 gretl 软件的主窗口中点击菜单 Varialbe→Unit root tests→Augmented Dickey→Fuller test,在弹出的窗口中选择存在截距项和趋势项的形式,根据前面 p 的选取规则,取值为 13,点击 OK,得到单位根检验结果,如图 7-20 所示。

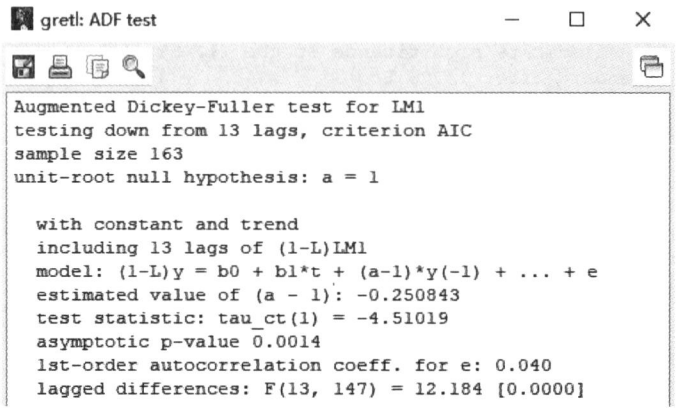

图 7-20　单位根检验结果

从图 7-20 可以看到,检验统计量的值为 -4.510 19,对应 P 值为 0.001 4,因此,该序列不存在单位根,即该序列是平稳序列。

2. 季节性分析

趋势性往往会掩盖季节性特征,从 LM1 的时序图可以看出,该序列具有较强的趋势性。为了分析季节性,可以对 LM1 进行差分处理来观察季节性。直接利用 gretl 软件产生差分序列,得到差分 LM1 的差分序列 d_LM1,主窗口中出现变量 d_LM1,如图 7-21 所示。这里当然也可以采用类似产生 LM1 的方法,自定义新变量差分序列的名称。

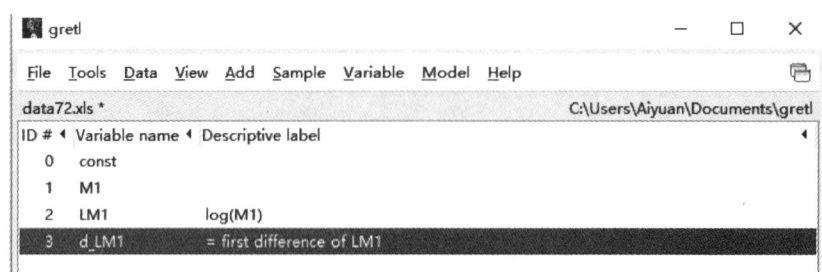

图 7-21　生成对数货币供给量的差分序列

下面观察 d_LM1 的自相关图,滞后长度取 36,与之前操作类似,得到对数货币供给量的差分序列的自相关和偏自相关函数值和函数图,分别如图 7-22 和图 7-23 所示。

由图 7-23 可知,d_LM1 在滞后期为 12,24,36…处的自相关系数均显著异于 0,因此,该序列以周期 12 呈现季节性,而且季节自相关系数并没有衰减至 0,因此,为了考虑这种季节性,进行季节性差分,主窗口中选中变量 d_LM1,再点击菜单 Add→Seasonal differences of selected variables,如图 7-24 所示。

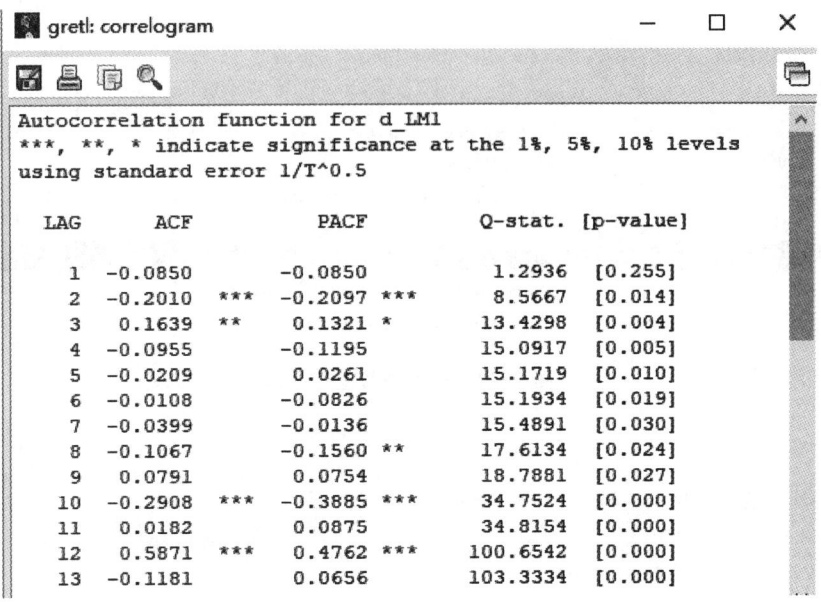

图 7-22 对数货币供给量的差分序列的自相关和偏自相关函数值

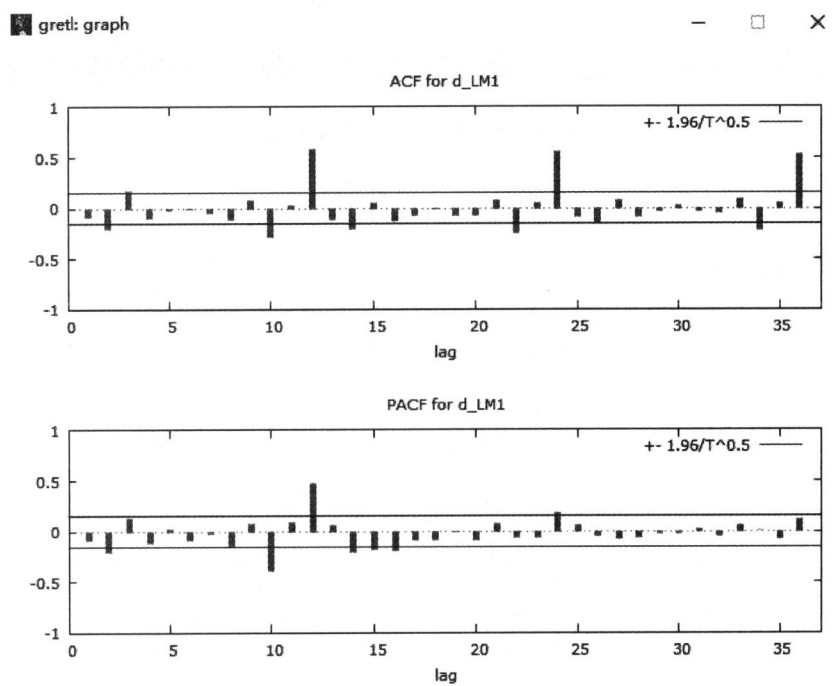

图 7-23 对数货币供给量的差分序列的自相关和偏自相关函数图

这样得到了序列 d_LM1 的季节差分序列 sd_d_LM1,如图 7-25 所示。

再作季节差分序列 sd_d_LM1 的自相关图,滞后期取值 24,得到季节差分序列的自相关和偏自相关函数值和函数图,分别如图 7-26 和图 7-27 所示。

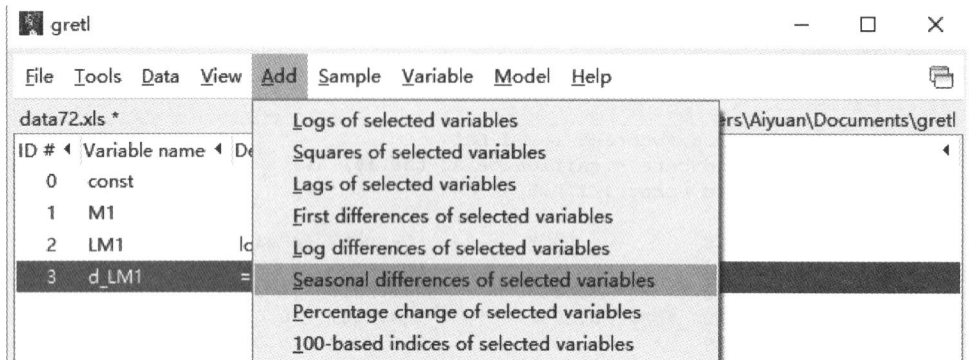

图 7-24　产生季节差分序列

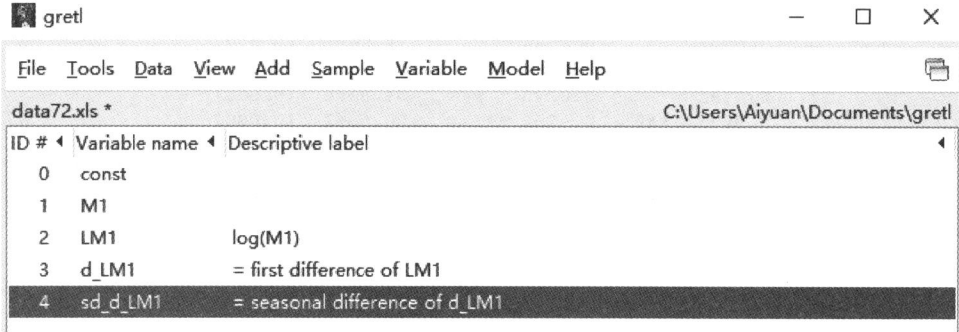

图 7-25　生成了季节差分序列

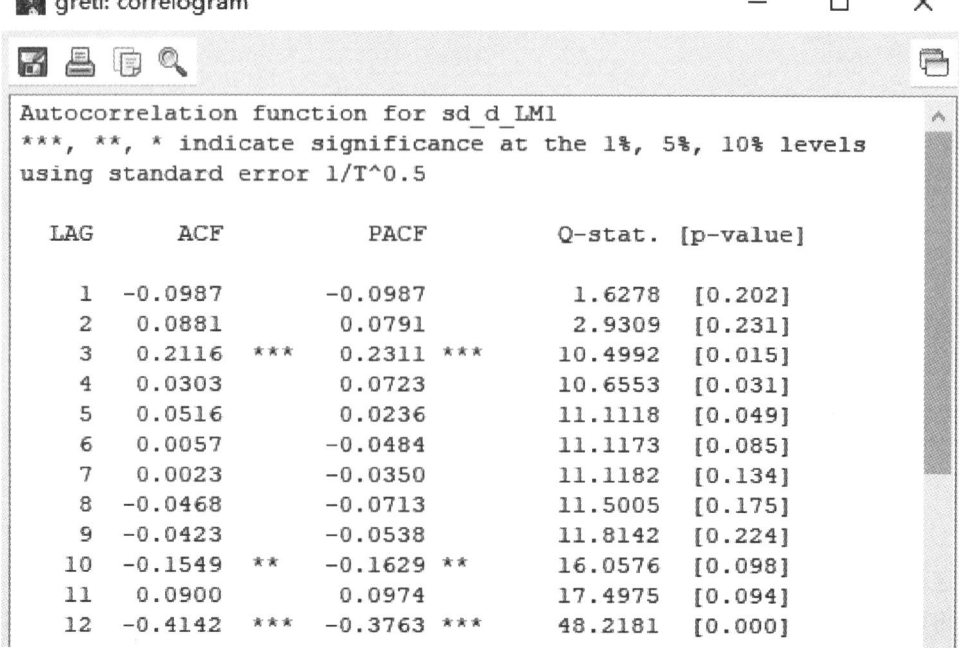

图 7-26　季节差分序列的自相关和偏自相关函数值

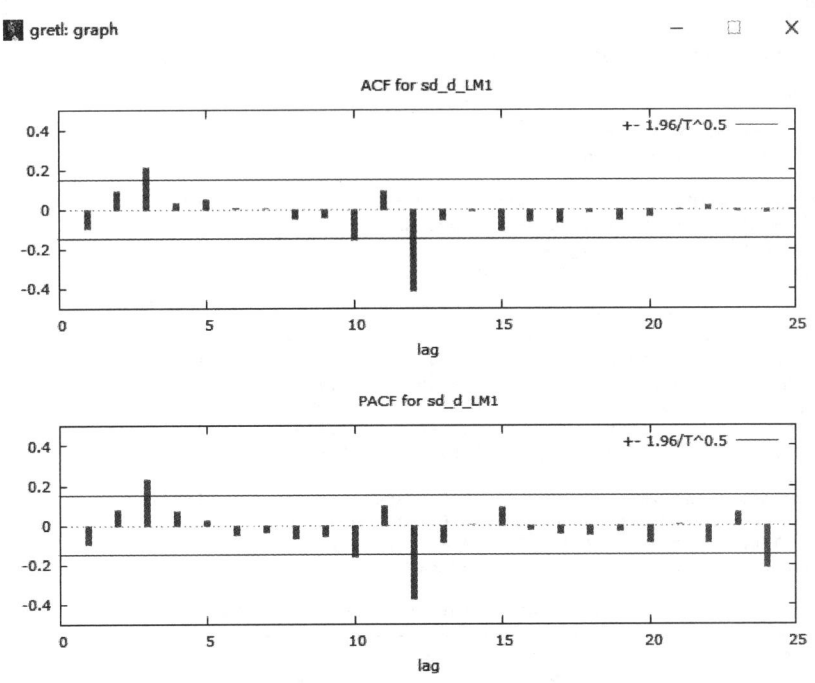

图 7-27 季节差分序列的自相关和偏自相关函数图

由图 7-27 可知,序列 sd_d_LM1 在滞后 12 期之后的 ACF 已经逐渐衰减至不再显著。下面对序列 sd_d_LM1 建立季节自回归移动平均模型——SARMA 模型。

滞后阶数的初步决定。观察序列 sd_d_LM1 的自相关和偏自相关图,ACF 和 PACF 在前面几期滞后期中仅第三期显著异于 0,因此,SARMA(p,q)(P,Q)模型中 p 和 q 均取不超过 3,P 和 Q 均取不超过 1。考虑到高阶移动平均模型估计较为困难,而且自回归模型可以表示无穷阶的移动平均过程,因此,q 尽可能取较小的值。通过比较 AIC、模型的简洁性及结合估计参数的显著性等方面,本案例最终选择 SARMA(3,0)(1,0)模型来拟合序列 sd_d_LM1。

点击菜单 Model→Time series→ARIMA,打开 ARIMA 模型设定窗口,填选内容如图 7-28 所示。

点击 OK,得到 ARIMA 模型拟合结果,如图 7-29 所示。

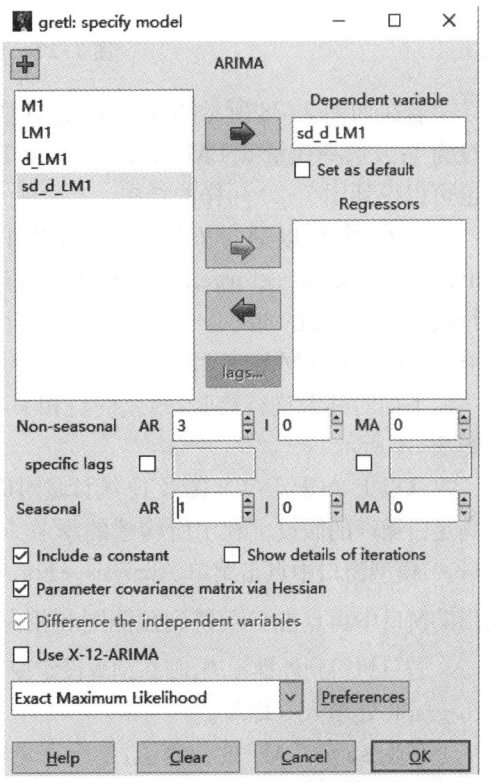

图 7-28 ARIMA 模型设定

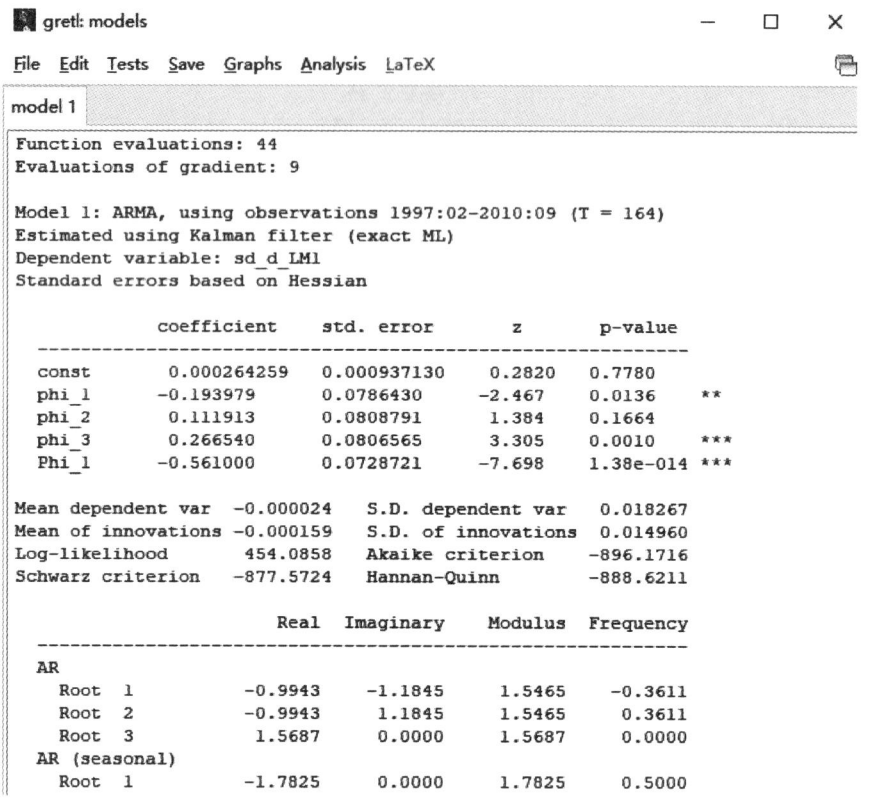

图 7-29 ARIMA 模型拟合结果

若在如图 7-28 所示的界面中,选择变量 LM1,Non-seasonal 和 Seasonal 后面 I 的值都设为 1;或选择变量 d_LM1,Non-seasonal 后面 I 的值设为 0 和 Seasonal 后面 I 的值设为 1,也可以得到图 7-29 一样的结果。

此外,也可以通过安装 X-13-ARIMA-SEATS 软件来实施这一操作,其下载网址为 http://gretl.sourceforge.net/win32/。若是缺省安装,则无需再加以设定。利用该软件进行估计时,只要在如图 7-28 所示的界面上勾选 Use X-12-ARIMA 即可。命令为:arima 3 0 0;1 0 0;sd_d_LM1--x-12-arima。

下面对残差进行检验,残差的自相关和偏自相关的函数值和函数图,分别如图 7-30 和图 7-31 所示。

从以上 ACF、PACF 图及 Q 统计量对应的 P 值可以看出,残差已不存在自相关性,即残差满足白噪声的假设。利用所构建的季节 ARMA 模型来进行外推预测。在季节 ARMA(3,0)(1,0)模型窗口中点击菜单 Analysis→Forecasts…,在弹出的窗口中填入数值 5,点击 OK,在弹出的窗口中再点击 OK,得到预测图和相应的预测值,分别如图 7-32 和图 7-33 所示。

若只想得到外推预测,则在预测设定窗口(见图 7-14)中 Number of pre-forecast observations to graph 处填入 0 即可。

根据 sd_d_LM1 的预测值,结合变量定义及前面已产生数据,可以得到 2010 年 10 月至 2011 年 2 月 M1 的预测值,分别为 247 814.2 亿元、250 468.6 亿元、261 789.8 亿元、265 832 亿元和 264 044.3 亿元。

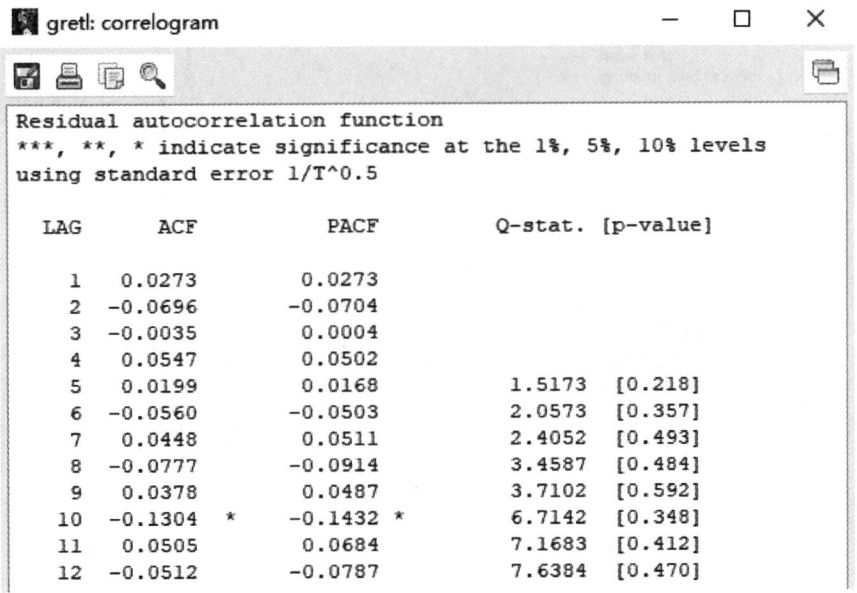

图 7-30 残差的自相关和偏自相关函数图

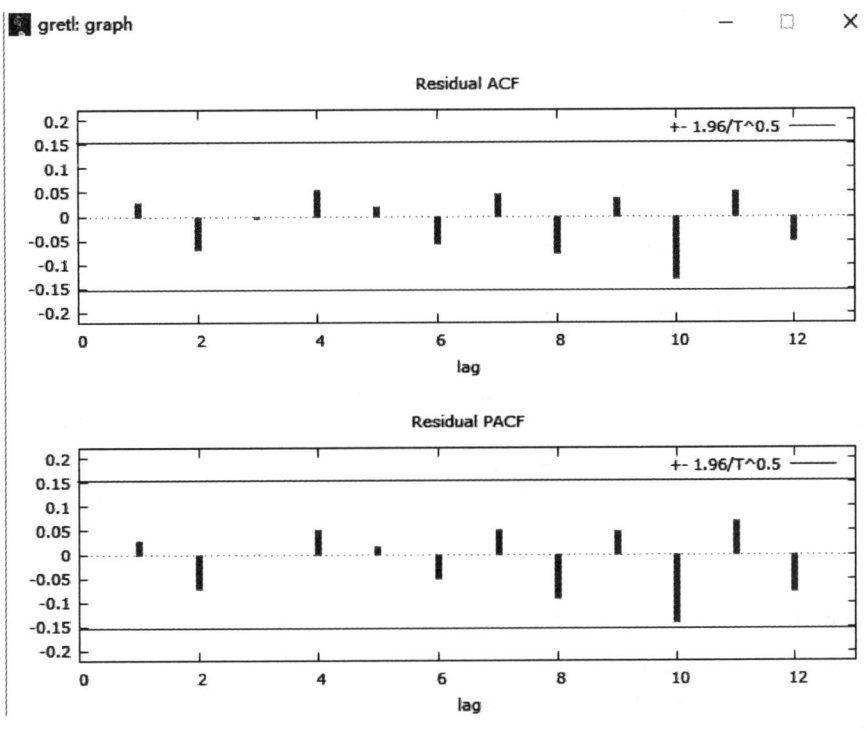

图 7-31 残差的自相关和偏自相关函数图

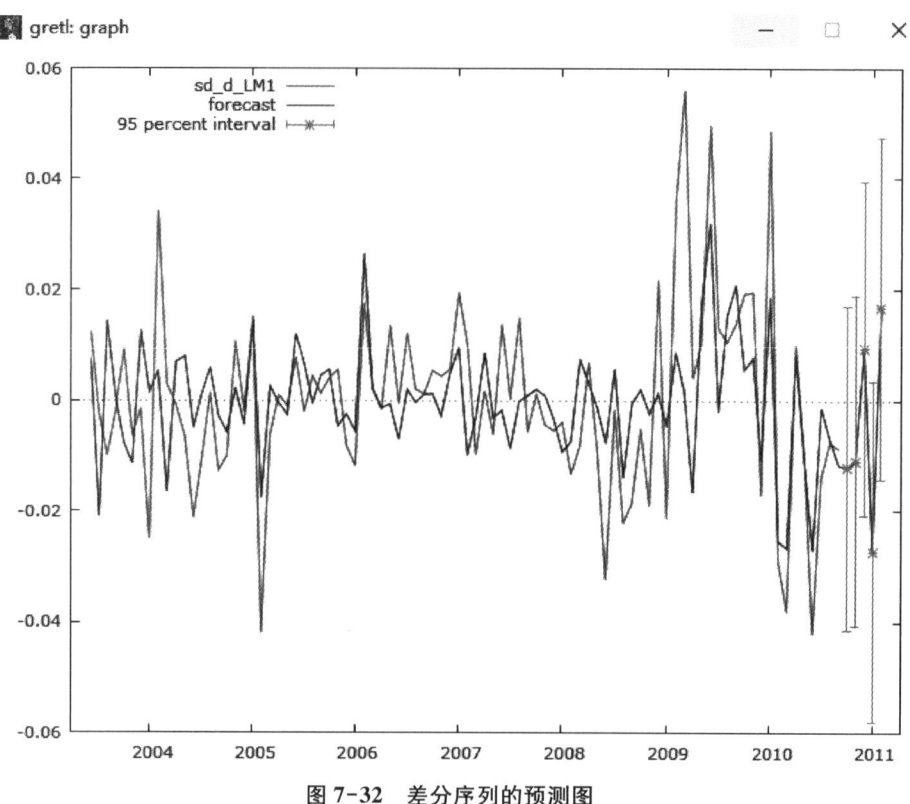

图 7-32　差分序列的预测图

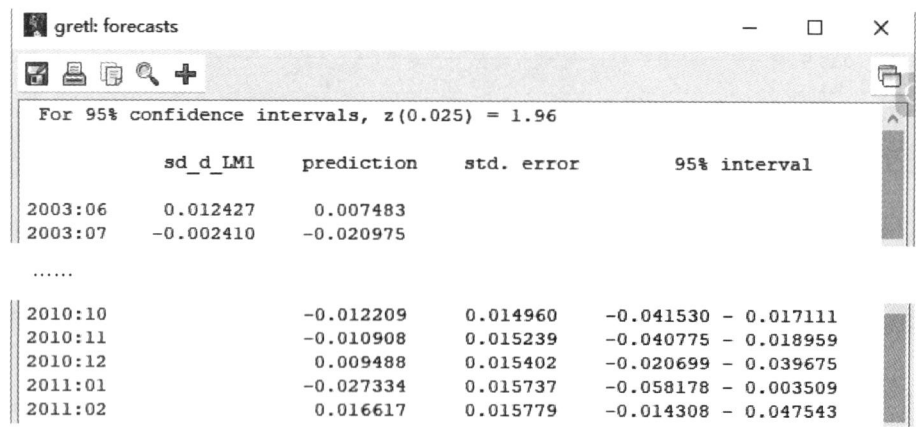

图 7-33　差分序列的预测值

【案例 7.3】 波动率模型。利用上证综指 2000 年 1 月 4 日至 2004 年 12 月 31 日的日收盘价数据 p_t，数据如表 7-3 所示。利用所给数据计算出上证综指的日对数收益 $r_t = \log p_t - \log p_{t-1}$，既而构建上证综指收益的波动率模型，并根据所构建的 GARCH（Generalized AutoRegressive Conditional Heteroskedasticity）模型对下一个交易日的日收益波动率进行预测。

表 7-3　　　　　　　　　　　　上证综合指数收盘价

date	p	date	p	date	p
2000/1/4	1 406.37	2000/1/28	1 535	⋮	⋮
2000/1/5	1 409.68	2000/2/14	1 673.94	2004/12/9	1 338.81
2000/1/6	1 463.94	2000/2/15	1 670.67	2004/12/10	1 317.72
2000/1/7	1 516.60	2000/2/16	1 693.11	2004/12/13	1 309.70
2000/1/10	1 545.11	2000/2/17	1 640.65	2004/12/14	1 307.55
2000/1/11	1 479.78	2000/2/18	1 668.09	2004/12/15	1 313.05
2000/1/12	1 438.02	2000/2/21	1 677.14	2004/12/16	1 305.02
2000/1/13	1 424.44	2000/2/22	1 632.29	2004/12/17	1 290.49
2000/1/14	1 408.85	2000/2/23	1 594.93	2004/12/20	1 275.46
2000/1/17	1 433.33	2000/2/24	1 634.31	2004/12/21	1 275.17
2000/1/18	1 426.62	2000/2/25	1 631.58	2004/12/22	1 307.57
2000/1/19	1 440.72	2000/2/28	1 704.86	2004/12/23	1 282.72
2000/1/20	1 466.86	2000/2/29	1 714.58	2004/12/24	1 285.04
2000/1/21	1 465.09	2000/3/1	1 697.74	2004/12/27	1 280.27
2000/1/24	1 477.34	2000/3/2	1 713.01	2004/12/28	1 278.94
2000/1/25	1 476.51	2000/3/3	1 738.02	2004/12/29	1 274.31
2000/1/26	1 481.12	2000/3/6	1 681.09	2004/12/30	1 273.71
2000/1/27	1 506.77	2000/1/28	1 535	2004/12/31	1 266.50

金融资产收益的波动率是标的资产的条件方差。波动率不能被直接观测到,但条件方差是按规律变动的,这与无条件方差不同。波动率的一个重要特征是聚集性,也就是波动率可能在一些时间段上较高,而在另一些时间段上较低。导入数据,产生对数收益序列,作出收益序列的时序图,如图 7-34 所示。

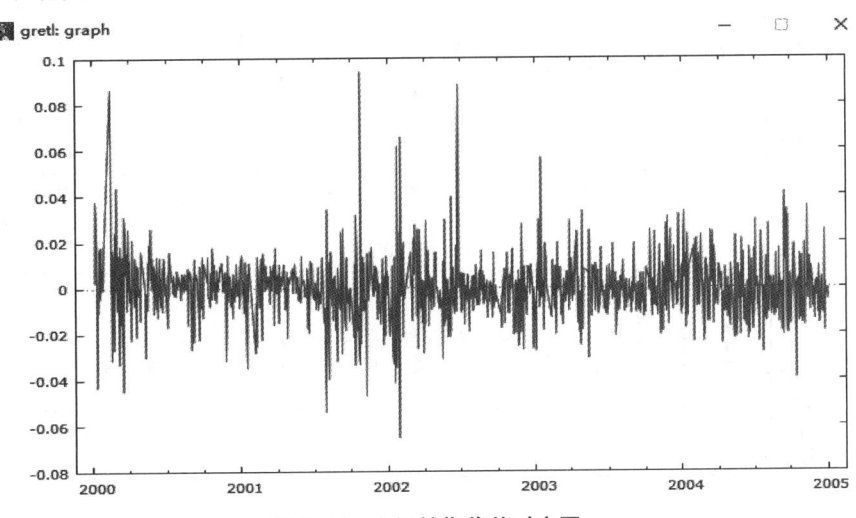

图 7-34　上证综指收益时序图

在实际的金融时序中,如股指的对数收益率序列 r_t,常存在有这样的情形:一是其分布的高峰厚尾(较之于正态分布而言,正态分布的偏度为0,峰度等于3);二是其平方序列的长记忆性——即尽管序列 r_t 之间不存在自相关或仅存在微弱的低阶相关,但是平方序列 r_t^2 却存在着高阶自相关,也称ARCH效应。

先来看看上证综指收益的描述统计,主窗口中点击菜单 View→Summary Statistics,选择收益序列,点击 OK,选择 Show full statistics,再点击 OK,得到上证综指收益的描述统计,如图7-35所示。

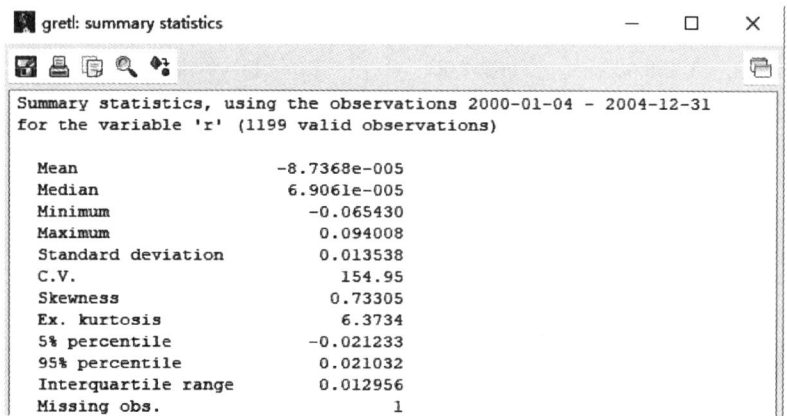

图 7-35　上证综指收益的描述统计

由图7-35可以看出,上证综指日对数收益率的均值很小,近似于0。收益率的分布具有正的偏度,所以分布的尾部略向右拖尾,表明盈利的概率要大于亏损的概率。峰度值大于正态分布的峰度(gretl软件给出的是过峰值,正态分布的值为0),这反映了收益率分布具有尖峰厚尾的特征。

再看收益序列和收益平方序列的自相关图,如图7-36所示。

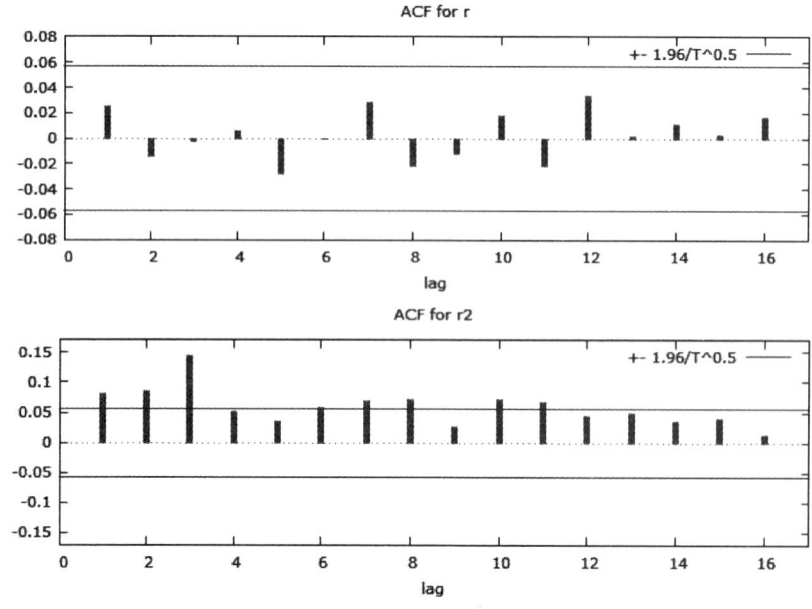

图 7-36　收益序列(上)和收益平方序列的自相关图

从图 7-36 可以直观地看出，水平序列没有自相关而平方序列很明显存在自相关，即存在 ARCH 效应，因此，再进行正规的 ARCH 效应检验。建立序列 r 的只含截距项的回归模型，在模型窗口中点击菜单 Test→ARCH，滞后阶数可以填得稍大点，这里没有改动，直接点击 OK，出现 ARCH 效应检验结果，如图 7-37 所示。

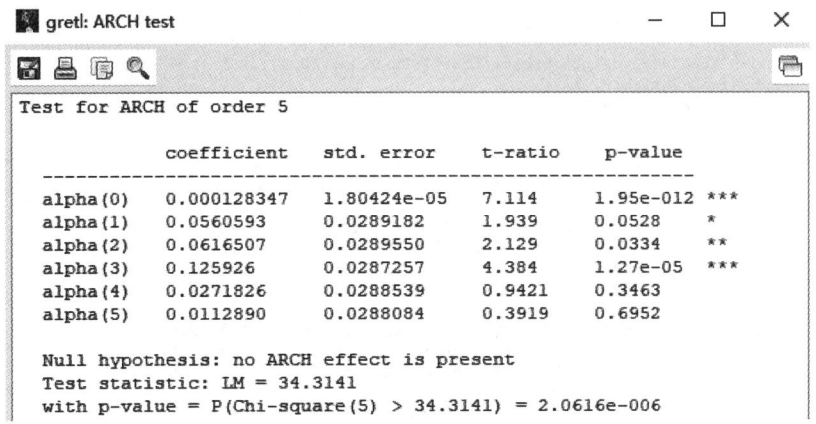

图 7-37　ARCH 效应检验结果

从图 7-37 可以看出，ARCH 效应检验的 P 值很小，因此，拒绝没有 ARCH 效应的原假设。从这个结果看，可以构建 ARCH(3) 模型，主要是因为滞后项数选的是 5。

ARCH 模型的估计。在 gretl 软件主窗口中，点击菜单 Model→Time series→GARCH，在弹出的窗口中填入内容，如图 7-38 所示。

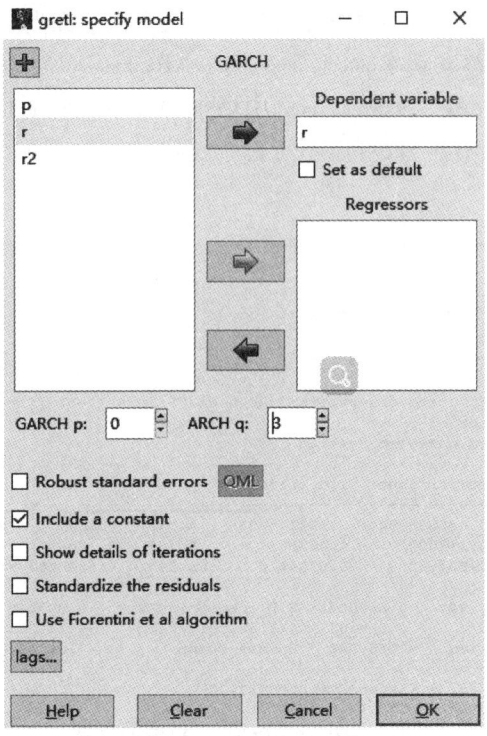

图 7-38　ARCH 模型设定

点击 OK,即可得到 ARCH 模型结果,如图 7-39 所示。

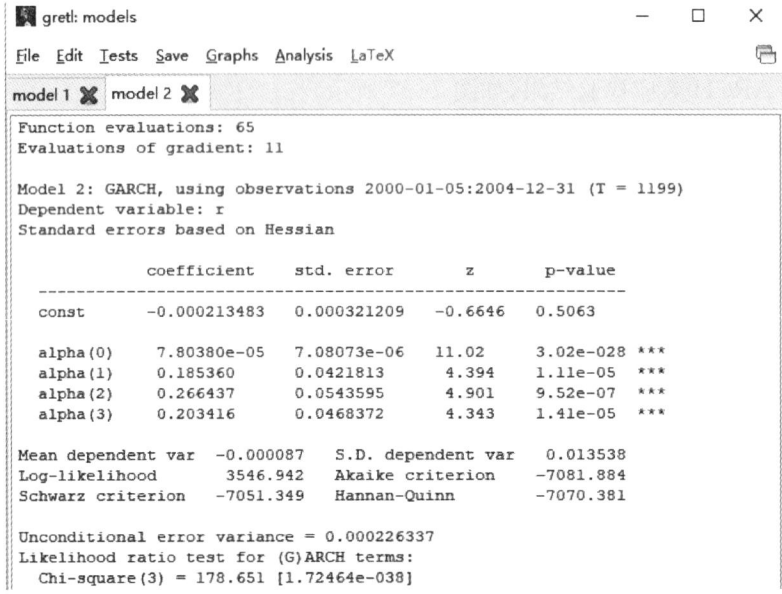

图 7-39　ARCH 模型结果

因此,得到的模型为:

$$r_t = -0.000\,213\,483 + \sigma_t \varepsilon_t \quad \varepsilon_t \sim NID(0,1)$$
$$\sigma_t^2 = 0.000\,078 + 0.185\,4 r_{t-1}^2 + 0.266\,4 r_{t-2}^2 + 0.203\,4 r_{t-3}^2$$

均值方程中的参数不显著,不过方差方程中的三个参数都高度显著。

一般地,建模股指收益波动率时,通常采用 GARCH(1,1)模型,以避免使用 ARCH 模型时涉及较多的滞后项参数。实际上本例中增加 ARCH 项,后面的参数仍是显著的。另外,这里均值方程中参数不显著,可以不考虑。这样估计的 GARCH(1,1)模型结果,如图 7-40 所示。

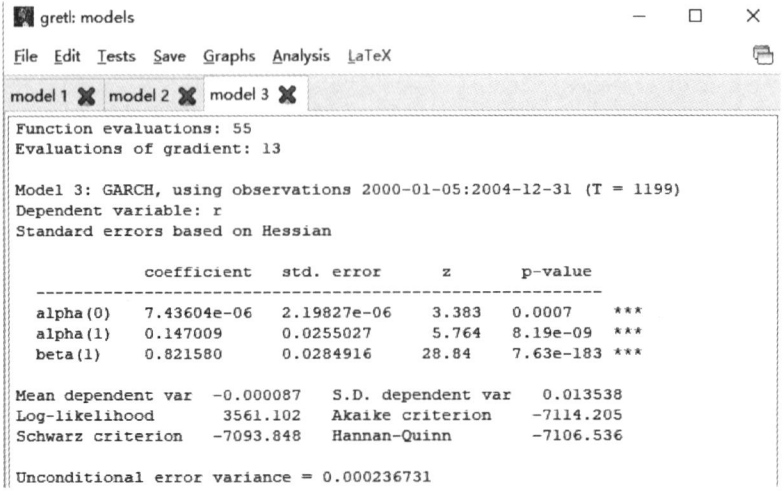

图 7-40　GARCH(1,1)模型结果

即：
$$r_t = \sigma_t \varepsilon_t \quad \varepsilon_t \sim NID(0,1)$$
$$\sigma_t^2 = 0.000\ 007\ 4 + 0.147 r_{t-1}^2 + 0.822 \sigma_{t-1}^2$$

几个参数估计量对应的 P 值都很小,高度显著。

利用估计的 GARCH 模型,可以得到上证综指收益的波动率序列,点击菜单 Save→Predicted error variance,命名为 h3,点击 OK,这样波动率序列会保存在主窗口中。作出 h3 的时序图,即上证综指收益波动率的时序图,如图 7-41 所示。

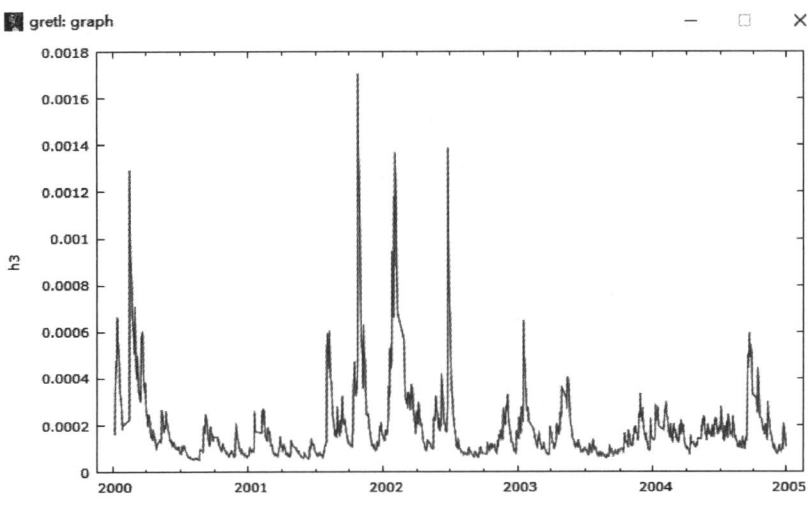

图 7-41 上证综指收益波动率的时序图

构建好 GARCH 模型,现在可以利用构建的 GARCH 模型,进行提前一期的波动率预测,结果为:

$$\hat{\sigma}(1) = 0.000\ 007\ 4 + 0.147 r_t^2 + 0.822 \sigma_t^2 = 0.000\ 1$$

接下来检验构建的波动率模型是否适合,产生标准化残差序列 $e/\sqrt{h3} = r/\sqrt{h3}$,对标准化残差序列进行 ARCH 效应检验,和上面收益序列的 ARCH 效应检验的操作一样,结果如图 7-42 所示。

```
gretl: ARCH test                                    —    □    ×

Test for ARCH of order 5

              coefficient   std. error   t-ratio    p-value
  ─────────────────────────────────────────────────────────────
  alpha(0)    1.06387       0.0912141    11.66      7.72e-030 ***
  alpha(1)   -0.0129660     0.0289702    -0.4476    0.6546
  alpha(2)   -0.00940730    0.0289754    -0.3247    0.7455
  alpha(3)   -0.0107826     0.0289583    -0.3723    0.7097
  alpha(4)    9.69935e-05   0.0287941     0.003369  0.9973
  alpha(5)   -0.0362538     0.0287928    -1.259     0.2082

  Null hypothesis: no ARCH effect is present
  Test statistic: LM = 2.01473
  with p-value = P(Chi-square(5) > 2.01473) = 0.847103
```

图 7-42 标准化残差序列的 ARCH 效应检验结果

从图 7-42 可以看出,检验统计量对应的 P 值为 0.847 103,不拒绝原假设,表明标准化残差中已不再有 ARCH 效应,也就是说构建的波动率模型是适合的。

关于金融资产收益波动率的相关模型有很多,但大致可分为两类:一类是基于历史数据和以前波动率基础上的波动性模型,这类波动率模型有着确定的函数形式,如(G)ARCH 类模型;一类主要是基于参数基础上的波动率模型,这类波动率模型的波动率方程中引入了新息项,如 SV(StochasticVolatility)模型。感兴趣的读者可以去查看相关资料,这里不再讨论这些内容。

【案例 7.4】 VAR 模型。采用 1952—1991 年的中国进出口贸易总额及价格指数数据,对实际进出口贸易总额之间的关系进行建模。具体包括 VAR 模型估计、VAR 模型滞后期的选择、VAR 模型平隐性检验、VAR 模型预测、协整检验等。本例所用数据如表 7-4 所示。

表 7-4　　　　　　　　　　中国进出口贸易总额　　　　　　　　　　单位:亿元

YEAR	EXPO	IMPO	PI
1952	27.1	37.5	0.396
1953	34.8	46.1	0.410
1954	40.0	44.7	0.419
1955	48.7	61.1	0.423
1956	55.7	52.0	0.423
1957	54.5	50.0	0.430
1958	67.0	61.7	0.431
1959	78.1	71.2	0.435
1960	63.3	65.1	0.449
1961	47.7	43.0	0.521
1962	47.1	33.8	0.541
1963	50.0	35.7	0.509
1964	55.4	42.1	0.490
1965	63.1	55.3	0.477
1966	66.0	61.1	0.476
1967	58.8	53.4	0.472
1968	57.6	50.9	0.472
1969	59.8	47.2	0.468
1970	56.8	56.1	0.466
1971	68.5	52.4	0.462
1972	82.9	64.0	0.461
1973	116.9	103.6	0.464
1974	139.4	152.8	0.467

(续表)

YEAR	EXPO	IMPO	PI
1975	143.0	147.4	0.467
1976	134.8	129.3	0.469
1977	139.7	132.8	0.478
1978	167.6	187.4	0.482
1979	211.7	242.9	0.491
1980	271.2	298.8	0.521
1981	367.6	367.7	0.533
1982	413.8	357.5	0.543
1983	438.3	421.8	0.551
1984	580.5	620.5	0.567
1985	808.9	1 257.8	0.617
1986	1 082.1	14 98.3	0.654
1987	1 470.0	1 614.2	0.702
1988	1 766.7	2 055.3	0.831
1989	1 956.0	2 199.9	0.979
1990	2 985.8	2 574.3	1.000
1991	3 830.6	3 398.7	1.029

其中，$EXPO$ 表示出口额，$IMPO$ 表示进口额，PI 表示价格指数，1990 年的 PI 值为 1。利用 PI 求得实际的 $EXPO$ 和 $IMPO$，为消除和减少异方差，再对它们求对数，所得的变量分别表示为 LnE 和 LnI。

作出变量 LnE 和 LnI 的时间序列图，如图 7-43 所示，可以直观地看到两个序列似乎都是非平稳序列，不过走势基本一致，明显存在某种依存关系。

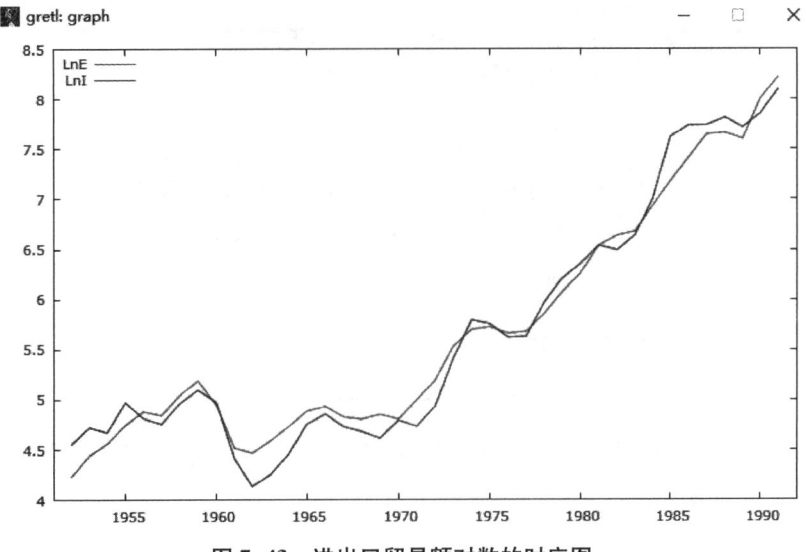

图 7-43 进出口贸易额对数的时序图

对序列 LnE 和 LnI 进行平稳性检验时,采用 KPSS 检验。ADF 检验的零假设是时间序列为一阶单整,而 KPSS 平稳性检验的零假设则是序列为平稳的。其在 gretl 软件中的操作类似 ADF 检验,在主窗口中选中变量,再点击菜单 Variable→Unit root test→KPSS test,水平序列选择带有趋势,即勾选 include a trend,差分序列不选择带趋势,检验结果如表 7-5 所示,括号内是 P 值,因此得到 LnE 和 LnI 都是非平稳的,而两个序列的一阶差分则是平稳的。

一般地,如果有 N 个内生变量,每一个都是一阶单整的(每个变量序列有一单位根或有一随机趋势或有一个随机游走项),则可能有 0~N-1 个线性独立的协整向量,本例的最后,给出序列 LnE 和 LnI 的协整检验。若没有协整向量,则典型的时间序列分析就针对这些非平稳序列数据的一阶差分序列建立 VAR 模型。

表 7-5　　　　　　　　　　　变量 LnE 和 LnI 平稳性检验

序列	水平	一阶差分
	KPSS	KPSS
LnE	0.259 378(<0.01)	0.352 017(>0.10)
LnI	0.256 879(<0.01)	0.324 176(>0.10)

因 VAR 模型是针对平稳的时间序列建模,因此,软件中产生序列 LnE 和 LnI 的差分序列 d_LnE 和 d_LnI。为了进一步分析两个变量间的关系,对两个差分序列建立 VAR 模型,步骤如下:

第一步,确定滞后长度。在主窗口中点击菜单 Model→Time series→Multivariate→VAR lag selection,如图 7-44 所示。

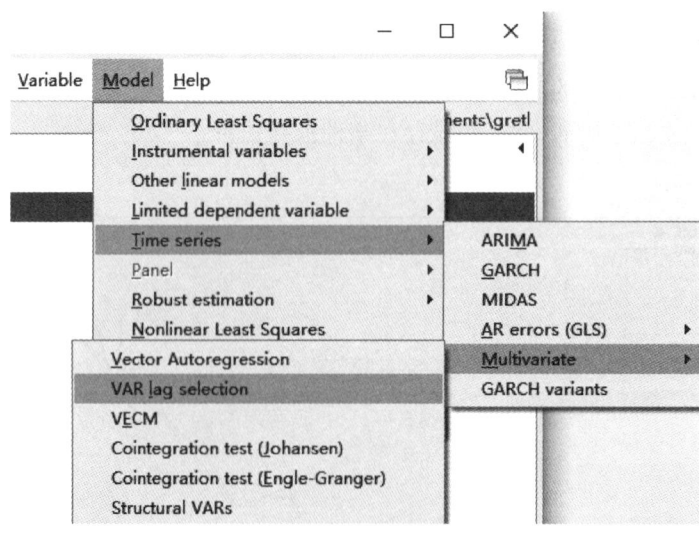

图 7-44　向量自回归滞后长度选择

在弹出的窗口中,填选相关变量和数字,如图 7-45 所示,点击 OK,得到向量自回归滞后长度确定结果,如图 7-46 所示。

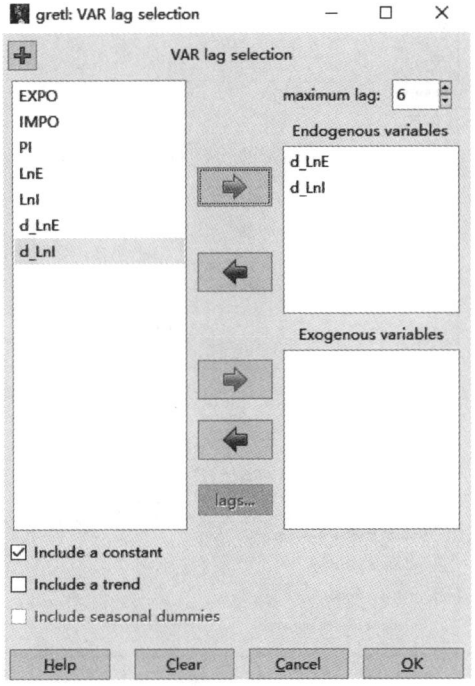

图 7-45 向量自回归滞后长度设定

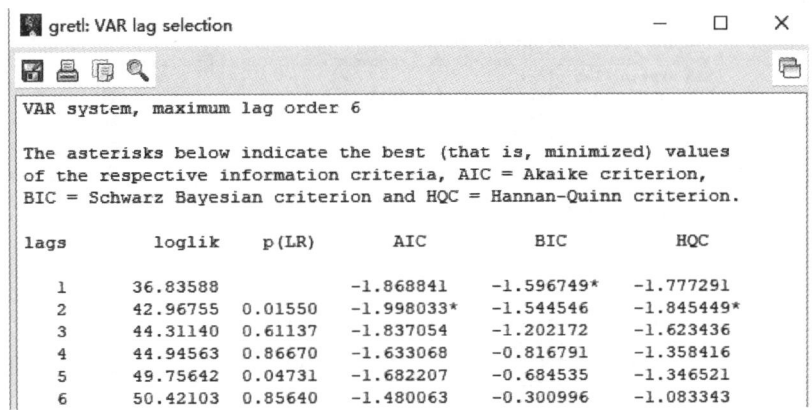

图 7-46 向量自回归滞后长度确定结果

由此,根据选取规则,使得 AIC 最小,则滞后长度取 2。

第二步,建立向量自回归模型。在主窗口中点击菜单 Model → Time series → Multivariate→Vector Autoregression。在弹出的窗口中,选中变量 d_LnE 和 d_LnI,滞后阶数取 2,如图 7-47 所示。

点击 OK,得到 VAR 模型结果,如图 7-48 所示,这样估计的两个方程如下:

$$\widehat{d\_LnE}_t = 0.078 + 0.427 d\_LnE_{t-1} - 0.266 d\_LnE_{t-2} + 0.159 d\_LnI_{t-1} - 0.104 d\_LnI_{t-2}$$

$$\widehat{d\_LnI}_t = 0.043 + 0.848 d\_LnE_{t-1} - 0.118 d\_lnE_{t-2} + 0.092 d\_LnI_{t-1} - 0.332 d\_LnI_{t-2}$$

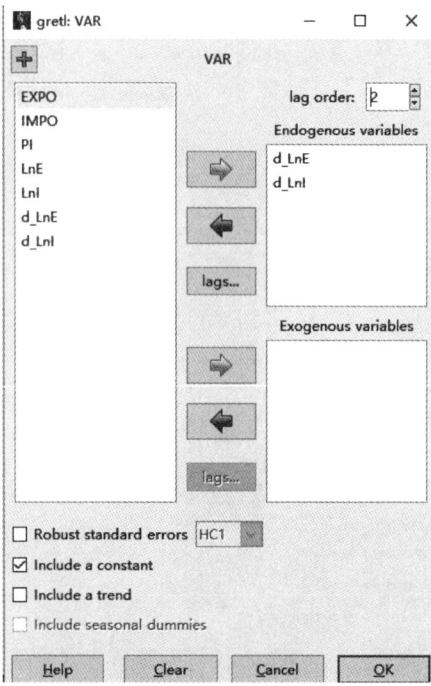

图 7-47　VAR 模型设定

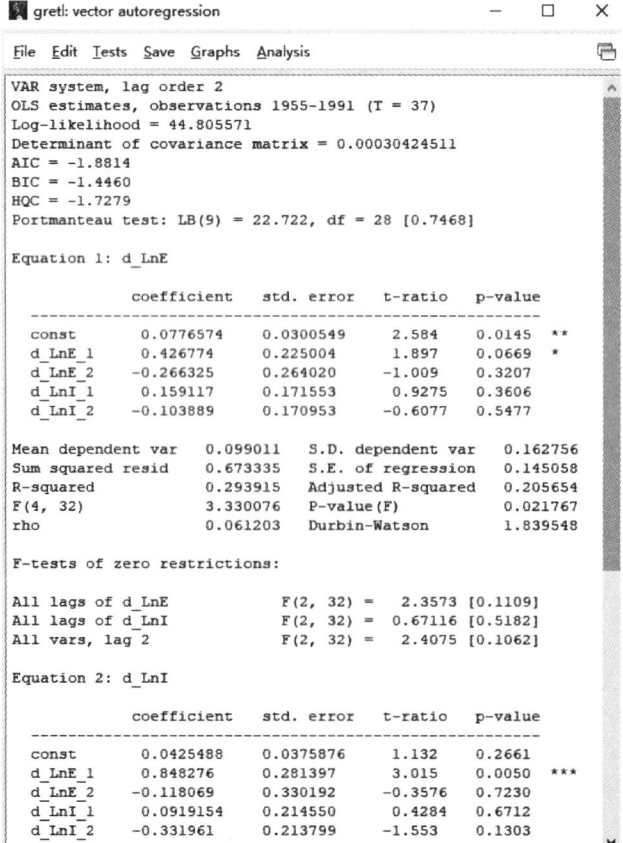

图 7-48　VAR 模型估计结果

第三步,VAR 模型平稳性检验。

在 VAR 模型估计结果窗口点击菜单 Graphs→VAR inverse roots,如图 7-49 所示,即可得到单位圆曲线以及 VAR 模型全部特征根的位置图,如图 7-50 所示,共有 $k \times p$ 个根,其中,k 是内生变量的个数,p 是最大滞后阶数。

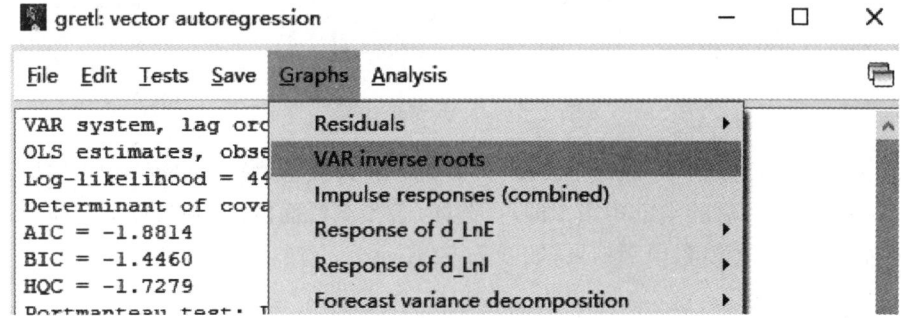

图 7-49　VAR 模型检验

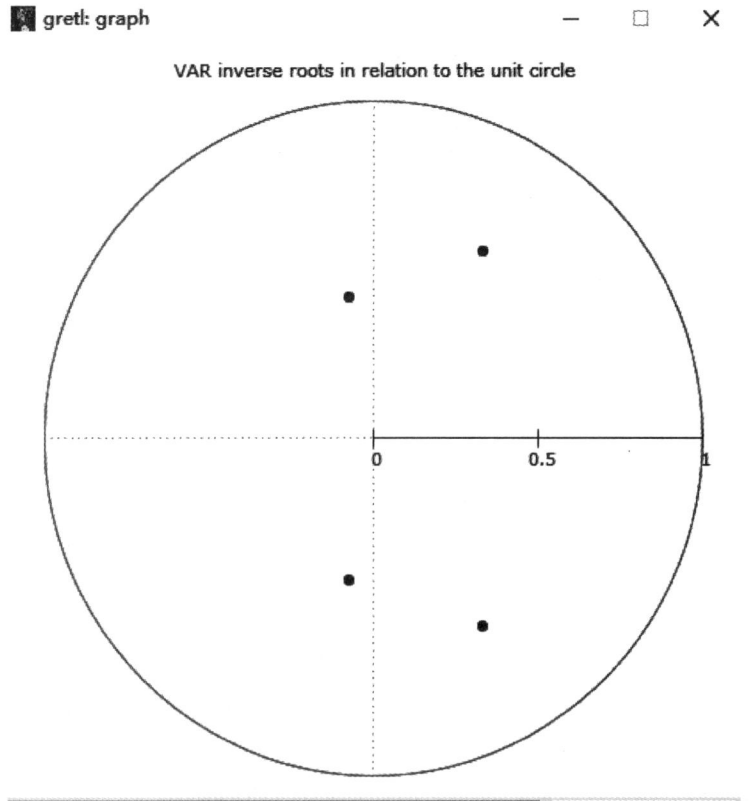

图 7-50　VAR 模型特征根位置图

由图 7-50 可以看出,所有的根都在单位圆内,所以 VAR 模型是平稳的。

第四步,VAR 模型预测。

在 VAR 模型估计结果窗口,点击菜单 Analysis→Forecasts→d_LnE,如图 7-51 所示。

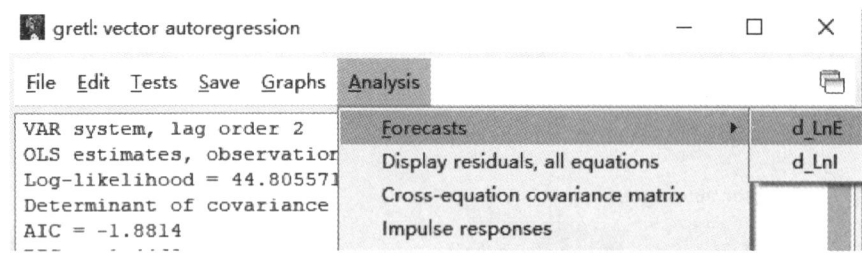

图 7-51　VAR 模型预测

和前面预测的做法类似,若预测下一期,则只要在弹出的窗口中"Number of observations to add:"后的空框中填 1 即可;同样,若预测后面两期,则只要填 2 即可,以此类推。这样便得到 VAR 模型预测结果,如图 7-52 所示。

```
For 95% confidence intervals, t(32, 0.025) = 2.037

            d_LnE      prediction    std. error      95% interval

1973     0.337197      0.146190
1974     0.169584      0.224779
1975     0.025497      0.071669
1976    -0.063326     -0.002052
1977     0.016697      0.026052
1978     0.173750      0.116929
1979     0.215090      0.200036
1980     0.188380      0.126597
1981     0.281367      0.099263
1982     0.099799      0.161603
1983     0.042895      0.018689
1984     0.252362      0.098229
1985     0.247276      0.215135
1986     0.232745      0.177835
1987     0.235533      0.065077
1988     0.015155      0.104650
1989    -0.062114      0.032611
1990     0.401743      0.024280
1991     0.220566      0.297248
1992                   0.090329      0.134901    -0.184455 - 0.365113
```

图 7-52　VAR 模型预测结果

图 7-52 中,前面是样本内预测值,最后一行就是 1992 的对数实际出口额差分的预测值、预测标准误和 95% 的预测区间,结合所给数据,可以计算出 1992 年的实际出口额数值的预测值。此外,还可以得到 VAR 模型预测图,如图 7-53 所示。

对进口额的预测与出口额预测的操作类似,不再赘述。

第五步,脉冲响应函数与预测误差方差分解。

脉冲响应函数刻画了内生变量对误差变化大小的反应。具体地说,它刻画的是,在误差项加上一个标准差大小的冲击对内生变量的当期值和未来值所带来的影响。对脉冲响应函数的解释一般较难,原因在于误差项从来都不是完全非相关的。

回到 VAR 模型估计结果窗口,点击菜单 Analysis→Impulse responses,如图 7-54 所示。

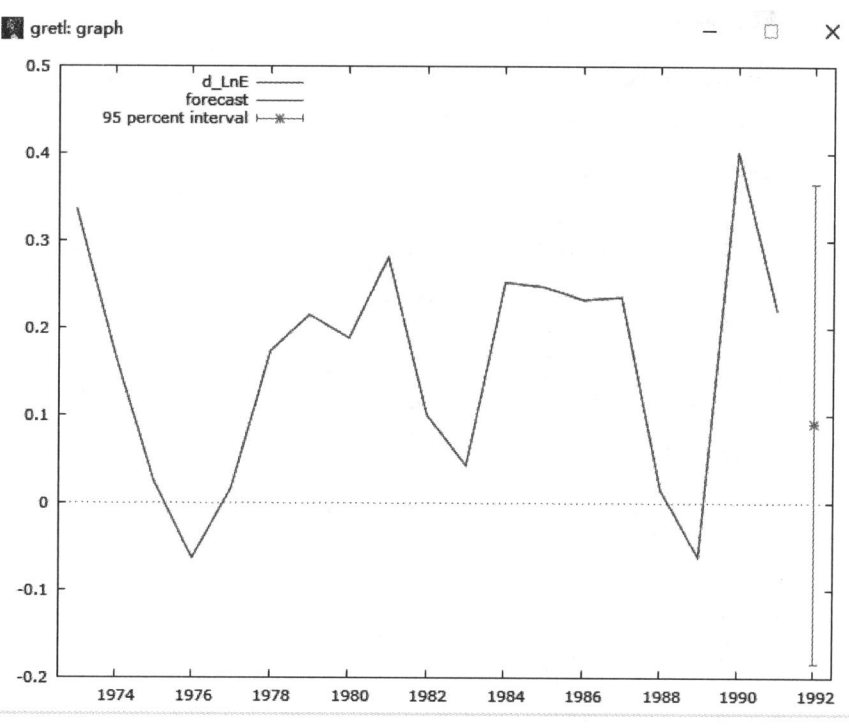

图 7-53 VAR 模型预测图

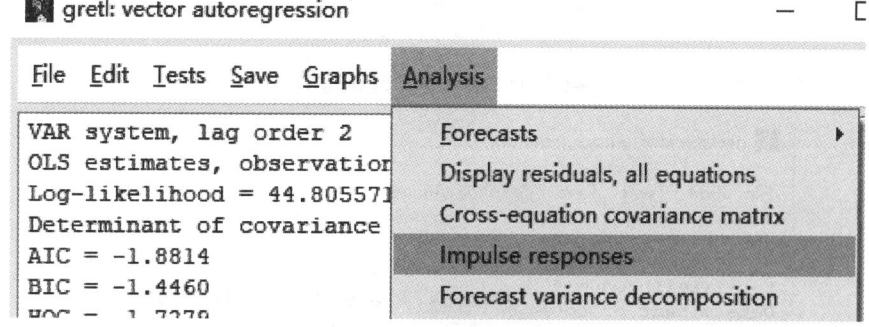

图 7-54 脉冲反应分析

在弹出窗口里的"forecast horizon(periods)"可以选择期数，这里没有改变期数，直接点击 OK，得到脉冲反应分析结果，如图 7-55 所示。

图 7-55 中的数值为脉冲反应具体的数值，也可以利用 gretl 软件作出脉冲反应图。在向量自回归窗口中点击菜单 Graphs→Impulse responses(combined)，可以得到几个变量脉冲反应放在一起的图形，也可以点击下面选项得到单个变量的脉冲反应图。

在弹出的脉冲反映设定窗口中不改变预测期数，直接点击 OK，得到如图 7-57 所示的脉冲反应图，从图中可以看到，第 9 期后冲击的影响基本都趋于 0。

预测误差方差分解可以回答这样的问题，即预测内生变量时，预测误差方差的哪部分是由其他变量方程中的冲击引起的，由此得到冲击对模型内生变量的相对重要程度。

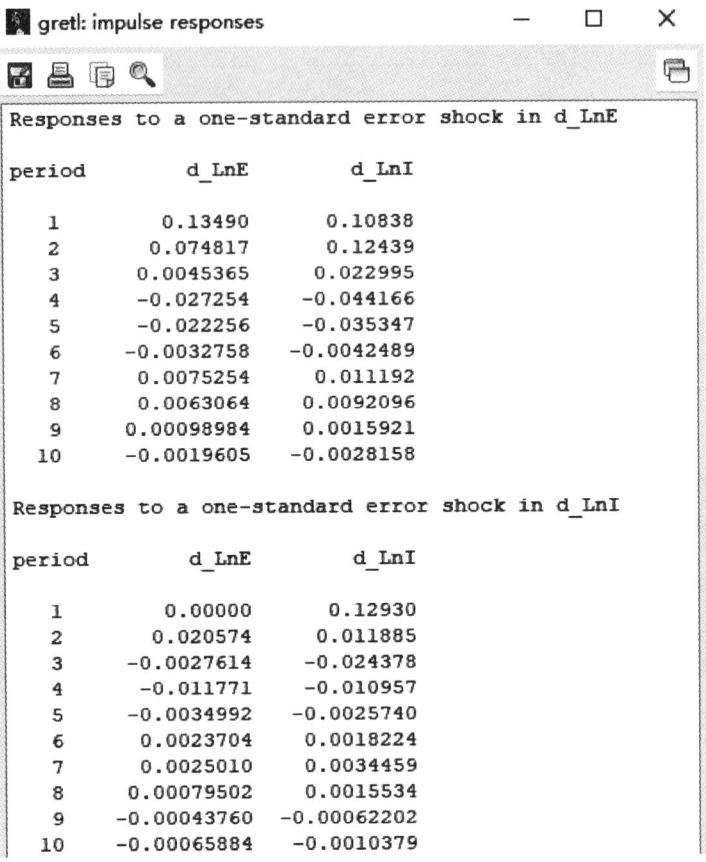

图 7-55　脉冲反应分析结果

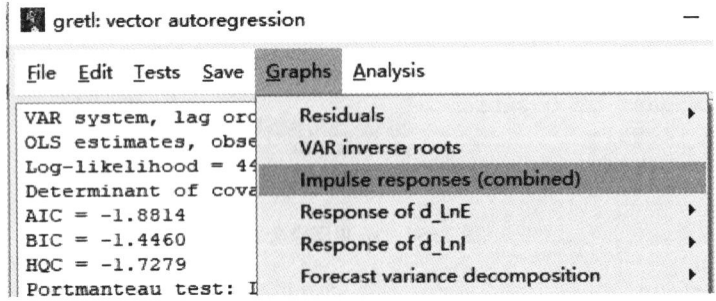

图 7-56　绘制脉冲反应图

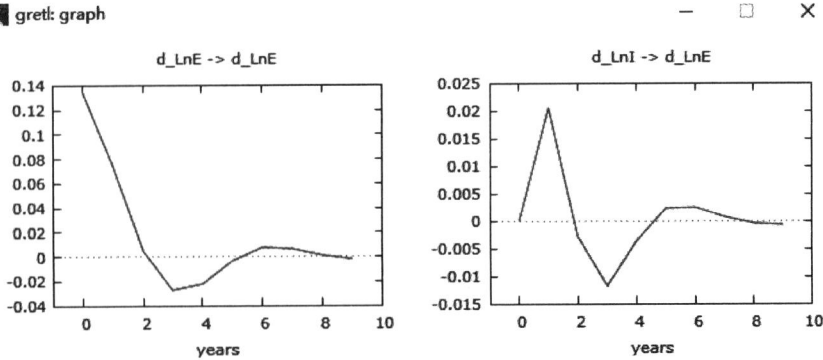

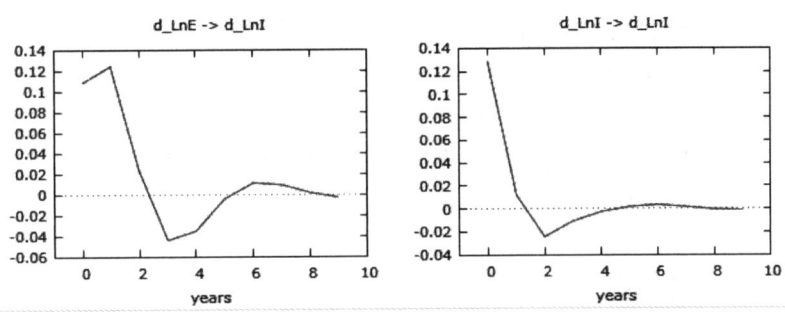

图 7-57 脉冲反应图

回到 VAR 模型估计结果窗口,点击菜单 Analysis→Forecast variance decomposition,如图 7-58 所示。

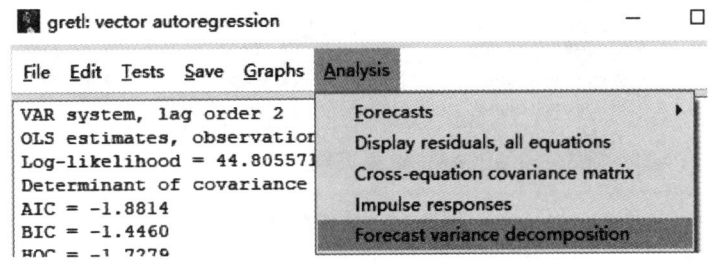

图 7-58 方差分解

在弹出的窗口中得到方差分解结果,如图 7-59 所示。每期中冲击对两个变量影响总和为 100,可以看到两个方程中的冲击对变量 d_LnE 的影响都很大,特别是 d_LnE 的方程

```
Decomposition of variance for d_LnE

period    std. error     d_LnE      d_LnI
   1       0.134901    100.0000    0.0000
   2       0.155625     98.2523    1.7477
   3       0.155715     98.2229    1.7771
   4       0.15852      97.7338    2.2662
   5       0.160113     97.7309    2.2691
   6       0.160164     97.7104    2.2896
   7       0.16036      97.6917    2.3083
   8       0.160486     97.6929    2.3071
   9       0.16049      97.6922    2.3078
  10       0.160503     97.6909    2.3091

Decomposition of variance for d_LnI

period    std. error     d_LnE      d_LnI
   1       0.168711     41.2639    58.7361
   2       0.209949     61.7512    38.2488
   3       0.212607     61.3867    38.6133
   4       0.217422     62.8241    37.1759
   5       0.220292     63.7727    36.2273
   6       0.220341     63.7818    36.2182
   7       0.220651     63.8594    36.1406
   8       0.220849     63.9191    36.0809
   9       0.220856     63.9205    36.0795
  10       0.220876     63.9249    36.0751
```

图 7-59 方差分解结果

中。也可以类似脉冲反应分析,作出方差分解图,只要在向量自回归窗口中点击菜单 Graphs→Forecast variance decomposition→d_LnE 或 d_LnI 即可。

本例最后,考虑对非平稳序列 LnE 和 LnI 进行协整性检验。

在 gretl 软件主窗口中选择菜单 Model→Time series→Multivariate→Cointegration test (Johansen),如图 7-60 所示。

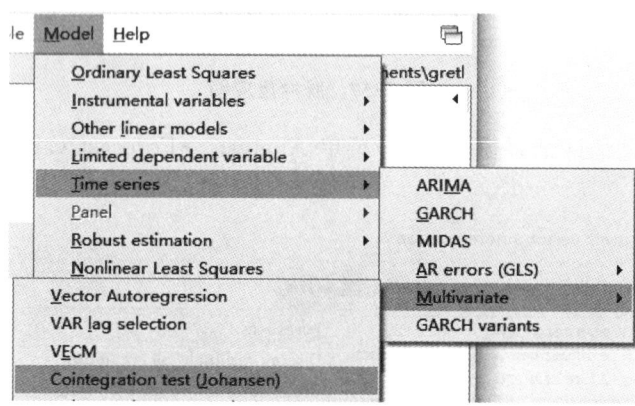

图 7-60 协整性检验

在弹出的窗口中进行协整性设定,如图 7-61 所示。

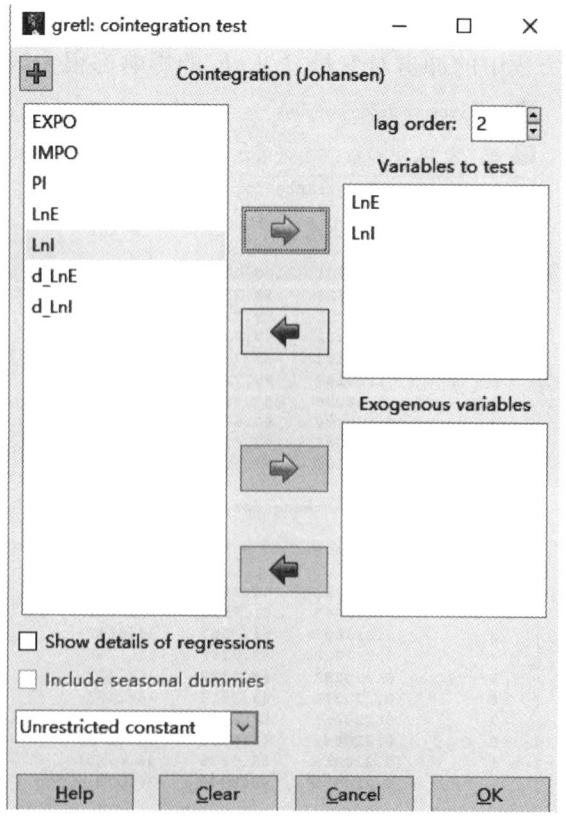

图 7-61 协整性检验设定

点击 OK，即可得到协整性检验结果，如图 7-62 所示。

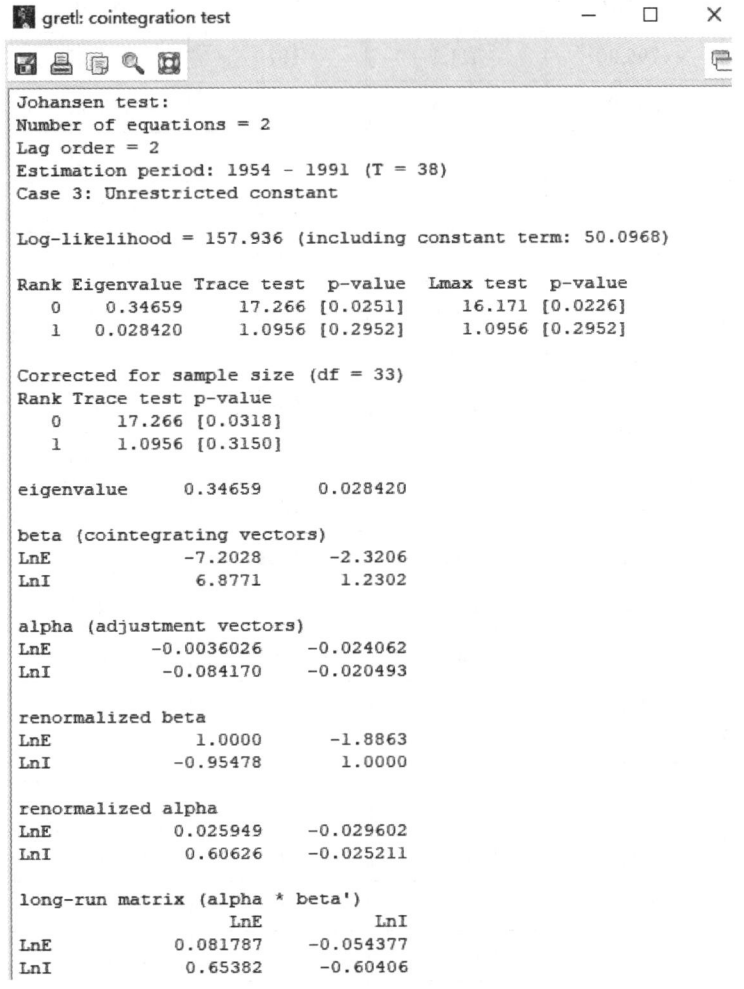

图 7-62　协整性检验结果

根据 Johanson 协整性检验结果，包括迹统计量检验和最大特征值统计量检验，迹统计量和最大特征值统计量对应的 P 值分别为 0.025 1 和 0.022 6，这表明在 5% 的显著性水平下，拒绝协整向量为 0 个的原假设。

而对于协整向量为 1 个的原假设，对应迹统计量和最大特征值统计量的 P 值分别为 0.295 2 和 0.295 2。

综上，两者之间存在一个协整向量，一般地，若变量之间存在协整关系，则需要通过构建误差修正模型，进行进一步的分析。本案例对此不再进行分析，下个案例将涉及误差修正模型的应用。

【案例 7.5】　VECM 模型。利用 1953—2004 年中国国内生产总值(GDP)，商品零售价格指数(RPI)，能源消费总量(TEC，单位：万吨标准煤)等数据，根据 GDP 和 RPI 求得实际国内生产总值 RGDP(单位：千万元)，RGDP＝GDP/RPI，其中，设 1952 年的 RPI 为 1，得到的实际国内生产总值和能源消费总量数据，如表 7-6 所示。

表 7-6　　　　　　1953—2004 年中国实际国内生产总值和能源消费总量

Year	RGDP	TEC	Year	RGDP	TEC
1953	796.9	541.1	1979	3 563.1	5 858.8
1954	804.2	623.4	1980	3 760.6	6 027.5
1955	843.5	686.8	1981	3 952.6	5 944.7
1956	952.9	880.0	1982	4 223.8	6 206.7
1957	975.4	964.4	1983	4 664.2	6 604.0
1958	1 191.2	1 759.0	1984	5 482.5	7 090.4
1959	1 299.9	2 392.6	1985	6 299.3	7 668.2
1960	1 276.5	3 018.8	1986	6 763.3	8 085.0
1961	919.9	2 039.0	1987	7 390.7	8 663.2
1962	834.6	1 654.0	1988	7 783.2	9 299.7
1963	952.0	1 556.7	1989	7 483.8	9 693.4
1964	1 165.5	1 663.7	1990	8 040.2	9 870.3
1965	1 413.8	1 890.1	1991	9 106.9	10 378.3
1966	1 543.6	2 026.9	1992	10 646.9	10 917.0
1967	1 623.3	1 882.8	1993	12 228.7	11 599.3
1968	1 575.2	1 840.5	1994	13 565.9	12 273.7
1969	1 791.3	2 273.0	1995	14 778.6	13 117.6
1970	2 096.9	2 929.1	1996	16 169.4	13 894.8
1971	2 274.5	3 449.6	1997	17 595.6	13 779.8
1972	2 365.2	3 737.3	1998	19 007.1	13 221.4
1973	2 540.5	3 910.9	1999	20 526.0	13 011.9
1974	2 591.9	4 014.4	2000	22 717.7	13 029.7
1975	2 779.1	4 542.5	2001	24 909.4	13 491.4
1976	2 721.2	4 783.1	2002	27 275.3	14 822.2
1977	2 901.8	5 235.4	2003	30 474.3	17 094.3
1978	3 261.7	5714.4	2004	40 373.6	19 700.0

在 gretl 软件中导入数据,为了减少可能存在的异方差现象,对 RGDP 和 TEC 分别取自然对数,再求出它们的差分序列,这个在 gretl 软件中可以直接产生,分别为 l_RGDP 和 l_TEC,d_l_RGDP 和 d_l_TEC。

作出对数序列和差分序列的时序图,如图 7-63 和图 7-64 所示。从图 7-63 可以看出,l_RGDP 和 l_TEC 序列的趋势基本是一致的,而它们的差分序列似乎是平稳的。

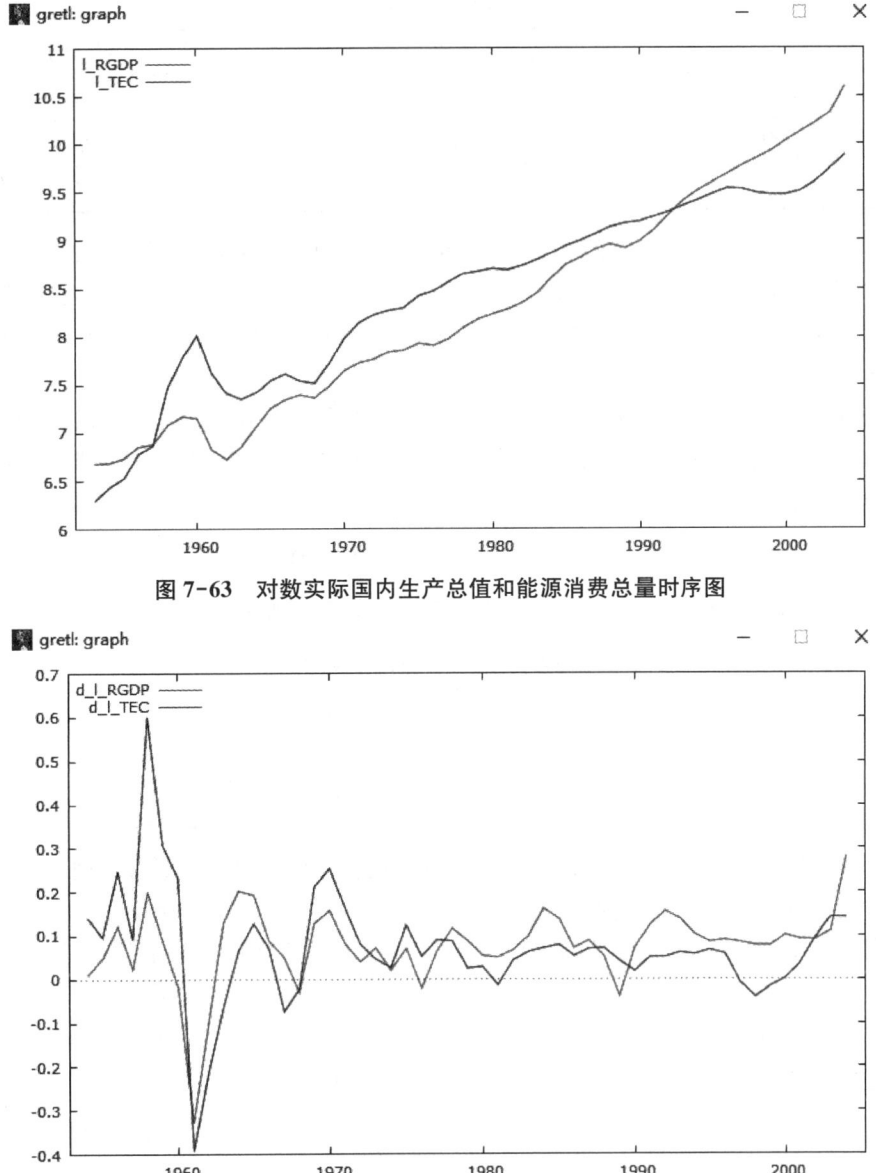

图 7-63 对数实际国内生产总值和能源消费总量时序图

图 7-64 差分序列时序图

下面对 l_RGDP 和 l_TEC 序列及它们的一阶差分序列进行单位根检验,采用 Augmented Dickey-Fuller(ADF)检验,结果如表 7-7 所示。根据[案例 7.1],本案例中滞后长度 p 取 10。

根据前面的时序图,对 l_RGDP 和 l_TEC 的水平序列选择带有漂移和趋势的 ADF 检验,对 l_RGDP 和 l_TEC 的一阶差分序列选择带有漂移的 ADF 检验,检验结果如表 7-7 所示(括号内是 P 值),因此,不能拒绝每个水平序列都不平稳的零假设,但变量都是一阶差分平稳的,也就是说 l_RGDP 和 l_TEC 序列都属于一阶单整 $I(1)$ 序列。这样,它们满足构造协整方程组的必要条件。

接下来进行协整检验和建立误差修正模型。

表 7-7　　　　　　　　　　时间序列的 ADF 单位根检验

序列	水平 ADF	一阶差分 ADF
l_RGDP	−1.219 6(0.905 7)	−4.932 5(2.801e−005)
l_TEC	−1.839 2(0.685 7)	−4.645 3(0.000 1)

对序列 l_RGDP 和 l_TEC 运用 Johansen 方法进行协整检验,先对这两个序列构成的向量进行自回归,确定滞后阶数,令 $Y_t = (l\_RGDP_t, l\_TEC_t)'$,采用带截距项和趋势项情形,根据前文介绍的确定滞后项数的方法,利用 BIC 准则,确定滞后的阶数 p 为 2,这样便得到一个 VAR(2) 模型。

接着进行协整向量个数检验,由于向量自回归滞后长度是 2,因此,VECM 中滞后长度取为 1。考虑到数据具有趋势,且水平值不具有二次趋势,所以选择下列带有限制趋势的 Johansen 协整检验,其形式为:

$$\Delta Y_t = \mu_0 + \alpha(\beta' Y_{t-1} + \rho t + \Gamma_1 \Delta Y_{t-1})$$

带有限制趋势的 Johansen 似然比检验结果,如表 7-8 所示。

表 7-8　　　　　　　　　　协整向量个数的似然比检验

	特征值	LR_{trace}	P 值	LR_{max}	P 值
H(0)	0.411 7	35.193	0.001 9	26.529	0.002 6
H(1)	0.159 1	8.663 6	0.207 8	8.663 6	0.207 8

结果都表明,即使在 1% 的显著性水平之下,也会拒绝 $r_0 = 0$ 的原假设,但不能拒绝 $r_0 = 1$,即两者之间存在一个协整向量,协整向量为 (1, 0.884 83, −0.133 4)′。

依据 Engle 和 Granger(1987) 的研究结论,当变量间具有协整关系时,不能只检验本身与其他变量的滞后值对当期变量的影响,还需考虑长期失衡的调整,即协整和前期误差修正项的同时存在,也就是存在误差修正模型的表达形式。下面构建 VECM 模型,主窗口中点击菜单 Model→Time series→Multivariate→VECM,如图 7-65 所示。

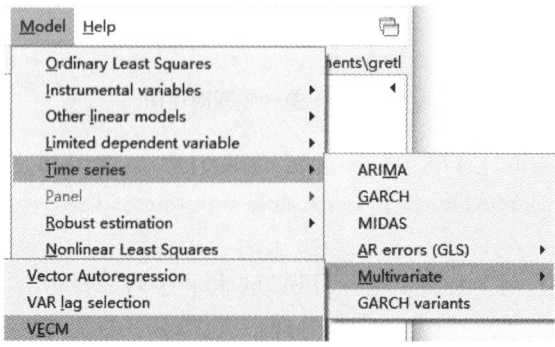

图 7-65　估计 VECM

再结合前面的分析,在弹出窗口中填入内容,如图 7-66 所示。
点击 OK,得到 VECM 模型估计结果,如图 7-67 所示。

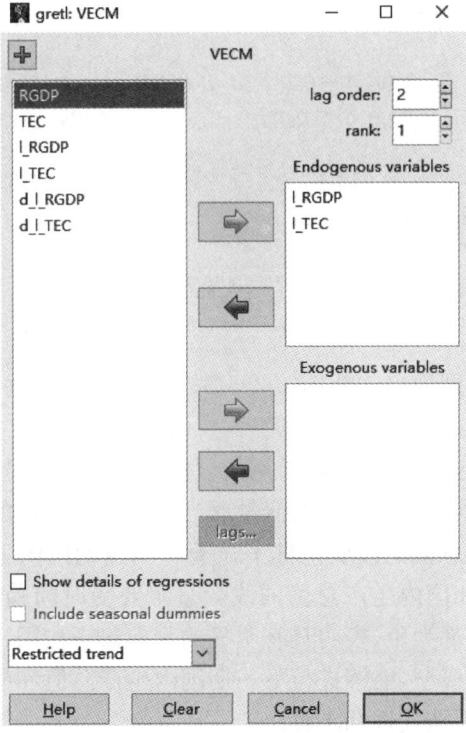

图 7-66　VECM 模型设定

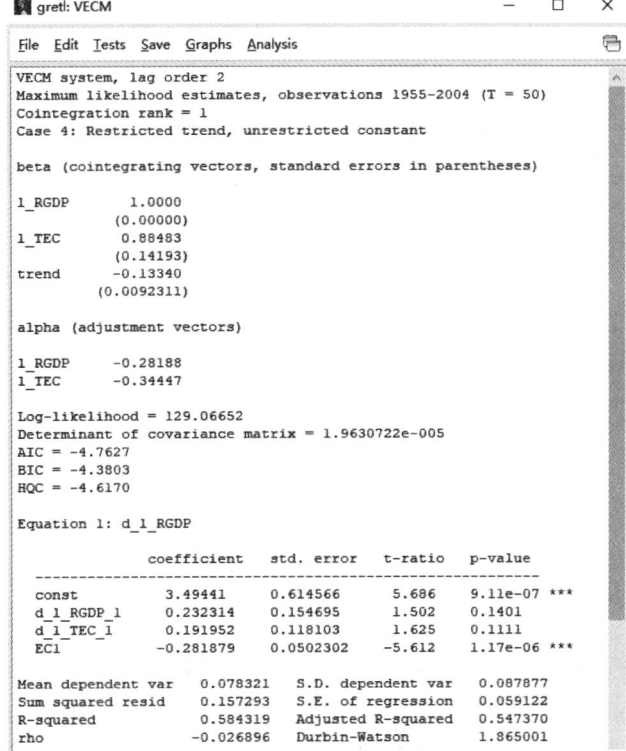

图 7-67　VECM 模型估计结果

这样,最后得到的 VECM 为:

$$d\widehat{\_l\_RGDP}_t = 3.494\ 4 + 0.232\ 3d\_l\_RGDP_{t-1} + 0.192\ 0d\_l\_TEC_{t-1} - 0.281\ 9(l\_RGDP + 0.884\ 8l\_TEC - 0.133\ 4t)$$

相应估计的标准误分别为:$0.614\ 6$,$0.154\ 7$,$0.118\ 1$,$0.050\ 2$,$0.141\ 9$,$0.009\ 2$,$R^2 = 0.584\ 3$,$\overline{R}^2 = 0.547\ 4$,回归标准误为 $0.059\ 1$。

$$d\widehat{\_l\_TEC}_t = 4.243\ 6 - 0.370\ 3d\_l\_RGDP_{t-1} + 0.926\ 9d\_l\_TEC_{t-1} - 0.344\ 5(l\_RGDP + 0.884\ 8l\_TEC - 0.133\ 4t)$$

相应估计的标准误分别为:$1.139\ 0$,$0.286\ 7$,$0.218\ 9$,$0.093\ 1$,$0.141\ 9$,$0.009\ 2$,$R^2 = 0.377\ 3$,$\overline{R}^2 = 0.321\ 9$,回归标准误为 $0.109\ 6$。

从上面的结果可以看到,在短期内,前期能源消费量的改变量对当期能源消费量的改变量有显著影响,而前期国内生产总值的改变量对当期能源消费量的改变量的影响不显著;前期能源消费量和国内生产总值的改变量都不显著影响当期国内生产总值的改变量。此外,还可以看到,能源消费量和国内生产总值的改变量主要受时间趋势和两者之间长期关系的影响。误差修正项的系数都为负,表明具有明显的反向修正作用。

通过建立的误差修正模型,能够进行下一期国内生产总值和能源消费量的预测,若想得到多期的预测,则通过循环迭代逐期求解。

在向量误差修正模型窗口,点击菜单 Analysis→Forecasts→l_RGDP(类似可预测 l_TEC 序列),如图 7-68 所示。

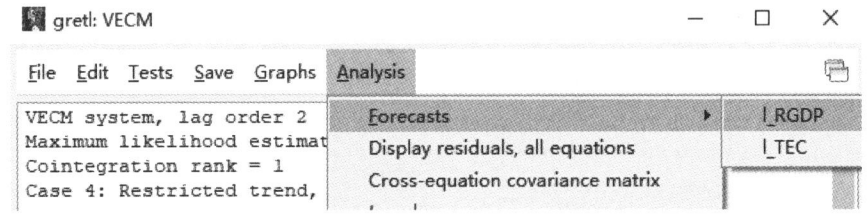

图 7-68 利用 VECM 模型进行预测

在弹出的窗口中增加的观测值数目为 1,点击 OK,再在弹出窗口中的 Number of pre-forecast observations to graph 中输入"0",这样只得到 2005 年的预测值及预测区间,且不会作图。得到的 VECM 模型预测结果,如图 7-69 所示。

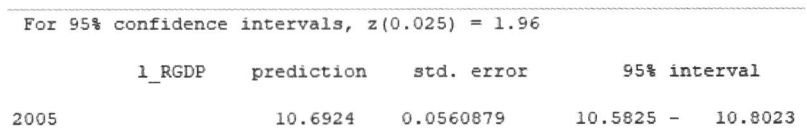

图 7-69 VECM 模型预测结果

即利用所建模型得出下一期的 l_RGDP 的预测值为 $10.692\ 4$,利用公式:$\hat{y} = \exp(\hat{\sigma}^2/2)\exp(\widehat{\log y})$ (其中 $\hat{\sigma}$ 是回归标准误)把它还原成水平值为 44 096.97 亿元,对数能源消费量预测值为 12.184 0,还原成水平值为 196 812.4 万吨标准煤,即 2005 年度中国实际 GDP 预计为 44 096.97 亿元,而预计的能源消费量为 196 812.4 万吨标准煤。根据国家统计局数据显示,2005 年国内生产总值初步核算为 182 321 亿元,考虑到物价指数上涨 3.9%,这样实际 GDP 值为 44 312.89 亿元,这和模型得到的结果比较接近,也进一步地说明了构建的模型在预测方面是较为成功的。

四、问题探讨与思考

1. ARMA 模型如何定阶?
2. 为什么要进行数据的平稳性检验?如何实施?
3. 向量自回归模型如何定阶?如何实施协整检验?

五、练习

(1) 根据数据文件 ex71.xls 所给的季度 GDP 数据构建季节 ARIMA 模型,数据起始时间为 2013 年 1 季度,并利用构建的模型进行外推一个季度的预测。

(2) 收集深圳成份指数 2010 年 1 月 5 日至 2017 年 12 月 31 日的日收盘价数据,构建指数收益的波动率模型,并预测下一个交易日的收益波动。

(3) 收集 2010 年 1 月 1 日至 2017 年 12 月 31 日人民币兑美元的远期汇率(三月期)和即期汇率数据,可以从国家外汇管理局和中国银行的官网上获取相关数据,利用误差修正模型分析两者之间的关系。

六、案例程序

1. gretl 程序

【案例 7.1】

open E:\data\data71.xls

logs RGDP

gnuplot l_RGDP--output=display--with-lines--time-series

gnuplot RGDP--output=display--with-lines--time-series

adf 10 l_RGDP--c--ct--test-down

diff l_RGDP

adf 10 d_l_RGDP--c--ct--test-down

corrgm d_l_RGDP 10

arima 3 0 3;3--nc #分号后面的 3 指的是 gretl 软件中的变量序号,这里指 d_l_RGDP

dataset addobs 1

fcast 2005 2005

【案例 7.2】

open E:\data\data72.xls

```
gnuplot M1--output = display--with-lines--time-series
LM1 = log(M1)
gnuplot LM1--output = display--with-lines--time-series
corrgm LM1 24
adf 13 LM1--ct--test-down
diff LM1
corrgm d_LM1 36
sdiff d_LM1
corrgm sd_d_LM1 24
arima 3 0 0;1 0 0;sd_d_LM1
#arima 3 1 0;1 1 0;LM1
dataset addobs 5
fcast 2010:10 2011:02
```

【案例 7.3】

```
open E:\data\data73.xls
r = log(p) - log(p(-1))
#r = diff(log(p)
summary r
corrgm r 16
r2 = r^2
corrgm r2 16
ols r const
modtest--arch 5
garch 0 3;r 0
garch 1 1; 2--nc
uhat3 =$uhat
h3 =$h
suhat = uhat3/sqrt(h3)
gnuplot h3--output = display--with-lines--time-series
ols suhat const
modtest--arch 5
```

【案例 7.4】

```
open E:\data\data74.xls
LnE = log(EXPO/PI)
LnI = log(IMPO/PI)
gnuplot LnE LnI--output = display--with-lines--time-series
diff LnE
```

diff LnI

kpss 3 LnE --trend

kpss 3 LnI --trend

kpss 3 LnE --difference

kpss 3 LnI --difference

var 6 d_LnE d_LnI --lagselect

var 2 d_LnE d_LnI --impulse-response --variance-decomp

dataset addobs 1

fcast 1990 1992

coint2 2 LnE LnI --uc

【案例 7.5】

open E:\data\data75.xls

logs RGDP

logs TEC

diff l_RGDP

diff l_TEC

gnuplot l_RGDP l_TEC --output = display --with-lines --time-series

gnuplot d_l_RGDP d_l_TEC --output = display --with-lines --time-series

adf 10 l_RGDP --ct --test-down

adf 10 l_TEC --ct --test-down

adf 10 d_l_RGDP --c --test-down

adf 10 d_l_TEC --c --test-down

var 10 l_RGDPl_TEC --lagselect --trend

coint 2 2 l_RGDPl_TEC --crt --verbose

vecm 2 1 l_RGDPl_TEC --crt --verbose

datasetaddobs 1

fcast 2005 2005

2. EViews 程序

【案例 7.1】

wfopen E:\data\data71.xls@freq A@id @date(year)

series lrgdp = log(rgdp)

lrgdp.line

rgdp.line

freeze lrgdp.uroot(adf,t,10)

genr dlrgdp = d(lrgdp)

freeze dlrgdp.uroot(adf,t,10)

dlrgdp.correl(10)

equation eq 1.ls dlrgdp ar(1to3)ma(1to3)

show eq1

pagestruct(end = @last + 1) *

eq1.fit dlrgdpf

show dlrgdpf

【案例 7.2】

wfopen E:\data\data72.xls @freq M @id @date(date)

series lm1 = log(m1)

m1.line

lm1.line

lm1.correl(24)

freeze lm1.uroot(adf,t,13)

genr dlm1 = d(lm1)

dlm1.correl(36)

series sdlm1 = d(dlm1,0,12)

sdlm1.correl(24)

equation eq1.ls sdlm1 c ar(1to3)sar(12)

show eq1

pagestruct(end = @last + 1) *

eq1.fit sdlm1f

show sdlm1f

【案例 7.3】

wfopen E:\data\data73.xls @freq D 5 @id @date(date)

series r = dlog(p)

freeze r.hist

r.correl(16)

series r2 = r^2

equation eq1.ls r c

freeze eq1.archtest(5)

equation eq2.arch(3,0)r c

show eq2

equation eq3.arch(1,1)r

show eq3

eq3.makegarch sig2

genr nresid = resid/@sqrt(sig2)

freeze sig2.line

equation eq4.ls nresid c

freeze eq4.archtest(5)

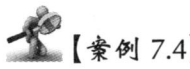【案例 7.4】

wfopenE:\data\data74.xls @freq A @id @date(year)
series lne = log(expo/pi)
series lni = log(impo/pi)
group ei lne lni
freeze ei.line
series dlne = d(lne)
series dlni = d(lni)
freeze lne.uroot(kpss,t,3)
freeze lni.uroot(kpss,t,3)
freeze dlne.uroot(kpss,c,3)
freeze dlni.uroot(kpss,c,3)
var var1.ls 1 6 dlned lni
var1.testlags
var1.laglen(6)
var var2.ls 1 2 dlne dlni
var2.results
freeze var2.impulse(t)
freeze var2.decomp
coint(b)lne lni

【案例 7.5】

wfopen E:\data\data75.xls@freqA@id@date(year)
series lrgdp = log(rgdp)
series ltec = log(tec)
series dlrgdp = d(lrgdp)
series dltec = d(ltec)
group lrt lrgdp ltec
group dlrt dlrgd pdltec
freeze lrt.line
freeze dlrt.line
freeze lrgdp.uroot(adf,t,10)
freeze ltec.uroot(adf,t,10)
freeze dlrgdp.uroot(adf,c,10)
freeze dltec.uroot(adf,c,10)
var var1.ls 1 10 lrgdp ltec
var1.testlags

```
var1.laglen(10)
coint(d) lrgdp ltec
var var2.ec(d,1) 1 1 lrgdp ltec
var2.results
pagestruct(end = @last + 1) *
var2.fit
group ex75 lrgdp_f ltec_f
show ex 75
```

第八章

联立方程模型

一、学习目标

通过对本章的学习,学生应能够分辨模型中的内生变量、外生变量及前定变量等概念,会判断方程的识别情况,以及会利用间接最小二乘法(ILS)、两阶段最小二乘法(TSLS)等来估计联立方程模型。

二、案例简介

[案例8.1]通过中国宏观经济数据,构建了一个简化的凯恩斯宏观经济模型,在不考虑进出口影响的条件下,通过消费者、企业和政府的经济活动,分析总收入的变动对消费和投资的影响。

三、案例分析

【案例8.1】 依据凯恩斯宏观经济调控原理,建立简化的中国宏观经济调控模型。经理论分析,采用基于三部门的凯恩斯总需求决定模型,在不考虑进出口的条件下,通过消费者、企业、政府的经济活动,分析总收入的变动对消费和投资的影响。理论模型如下:

$$Con_t = \alpha_0 + \alpha_1 GDP_t + \varepsilon_{1t}$$
$$Inv_t = \beta_0 + \beta_1 GDP_t + \varepsilon_{2t}$$
$$GDP_t = Con_t + Inv_t + GovE_t$$

其中,GDP_t为采用支出法核算的t期的国内生产总值;Con_t、Inv_t和$GovE_t$分别为t期的消费、投资和政府购买支出。这里GDP_t、Con_t和Inv_t为内生变量,刚好为上面三个方程左边的变量(要注意的是,有时候内生变量也只出现在方程右边,需要根据模型具体的经济意义来判别),内生变量数目和方程的数目一样;外生变量为$CovE_t$。

首先,分析模型的识别情况。

根据上述理论方程,写出其结构模型的一般形式:

$$-\alpha_0 + Con_t + 0Inv_t - \alpha_1 GDP_t + 0GovE_t = \varepsilon_{1t}$$
$$-\beta_0 + 0Con_t + Inv_t - \beta_1 GDP_t - 0GovE_t = \varepsilon_{2t}$$
$$0 - Con_t - Inv_t + GDP_t - GovE_t = 0$$

据此,可以写出该结构模型的参数矩阵(A B)为:

$$(A \quad B) = \begin{pmatrix} -\alpha_0 & 1 & 0 & -\alpha_1 & 0 \\ -\beta_0 & 0 & 1 & -\beta_1 & 0 \\ 0 & -1 & -1 & 1 & -1 \end{pmatrix}$$

由于最后一个方程是恒等式,为定义方程式,所以不需要对其可识别性进行判断。下面判断消费函数和投资函数的可识别性。

消费函数的可识别性判断:

先用阶条件判断。这里模型结构参数矩阵行数，即内生变量总数 $G=3$，模型结构参数矩阵的列数 $K=5$，第一行非零元素 $K_1=3$。因为 $K-k_1=2=G-1$，阶条件成立，因此，消费函数有可能为恰好识别。需要特别注意的是，尽管对应方程的阶条件成立，对应的结构方程也未必一定可以识别。

再用秩条件判断。在 $(A\ B)$ 中划去消费函数所在的第一行和该行中非零系数所在的各列，得到：

$$(A_0\ B_0) = \begin{pmatrix} 1 & 0 \\ -1 & -1 \end{pmatrix}$$

显然，这个子矩阵的秩为 2，即 $Rank(A_0\ B_0)=2=G-1$。秩条件成立，表明消费函数是可识别。再根据阶条件，可以得到：消费函数是恰好识别。

投资函数的可识别性判断：

由于投资函数与消费函数的结构相近，判断过程与消费函数完全一样，故投资函数的阶条件和秩条件的判断予以省略。结论是投资函数也为恰好识别。

综合上述各方程的判断结果，得出该模型为恰好识别。联立方程模型中的每一个方程必须都是可识别的，否则需要重新构建模型。

由于消费函数和投资函数均为恰好识别，因此，可用间接最小二乘估计法估计参数。

选取我国的国内生产总值、消费和投资数据，并用财政支出作为政府支出的替代值。数据取自 1978—2003 年中国宏观经济的历史数据，如表 8-1 所示。

根据 ILS 法，首先将结构模型转变为简化模型，这里仅有政府购买支出 G 为前定变量，因此，宏观经济模型的简化模型为：

$$Con_t = \pi_{00} + \pi_{01} GovE_t + \eta_{1t}$$
$$Inv_t = \pi_{10} + \pi_{11} GovE_t + \eta_{2t}$$
$$GDP_t = \pi_{20} + \pi_{21} GovE_t + \eta_{3t}$$

表 8-1　　　　　　　　1978—2003 年中国宏观经济数据　　　　　　　单位：亿元

Year	GDP	Con	Inv	GonE
1978	3 605.6	2 239.1	1 377.9	480.0
1979	4 074.0	2 619.4	1 474.2	614.0
1980	4 551.3	2 976.1	1 590.0	659.0
1981	4 901.4	3 309.1	1 581.0	705.0
1982	5 489.2	3 637.9	1 760.2	770.0
1983	6 076.3	4 020.5	2 005.0	838.0
1984	7 164.4	4 694.5	2 468.6	1 020.0
1985	8 792.1	5 773.0	3 386.0	1 184.0
1986	10 132.8	6 542.0	3 846.0	1 367.0
1987	11 784.7	7 451.2	4 322.0	1 490.0
1988	14 704.0	9 360.1	5 495.0	1 727.0

（续表）

Year	GDP	Con	Inv	GonE
1989	16 466.0	10 556.5	6 095.0	2 033.0
1990	18 319.5	11 365.2	6 444.0	2 252.0
1991	21 280.4	13 145.9	7 517.0	2 830.0
1992	25 863.7	15 952.1	9 636.0	3 492.3
1993	34 500.7	20 182.1	14 998.0	4 499.7
1994	46 690.7	26 796.0	19 260.6	5 986.2
1995	58 510.5	33 635.0	23 877.0	6 690.5
1996	68 330.4	40 003.9	26 867.2	7 851.6
1997	74 894.2	43 579.4	28 457.6	8 724.8
1998	79 003.3	46 405.9	29 545.9	9 484.8
1999	82 673.1	49 722.7	30 701.6	10 388.3
2000	89 340.9	54 600.9	32 499.8	11 705.3
2001	98 592.9	58 927.4	37 460.8	13 029.3
2002	107 897.6	62 798.5	42 304.9	13 916.9
2003	121 511.4	67 442.5	51 382.7	14 764.0

资料来源：《中国统计年鉴 2004》。

容易求得结构型模型的参数与简化型模型参数的关系式为：

$$\pi_{00} = \frac{\alpha_0 - \alpha_0 \beta_1 + \alpha_1 \beta_0}{1 - \alpha_1 - \beta_1} \quad \pi_{01} = \frac{\alpha_1}{1 - \alpha_1 - \beta_1} \quad \pi_{10} = \frac{\beta_0 + \alpha_0 \beta_1 - \alpha_1 \beta_0}{1 - \alpha_1 - \beta_1}$$

$$\pi_{11} = \frac{\beta_1}{1 - \alpha_1 - \beta_1} \quad \pi_{20} = \frac{\alpha_0 + \beta_0}{1 - \alpha_1 - \beta_1} \quad \pi_{21} = \frac{1}{1 - \alpha_1 - \beta_1}$$

其次，用 OLS 法估计简化模型的参数。

打开 gretl 软件，导入数据。点击菜单 Model→Simultaneous equations…，如图 8-1 所示。

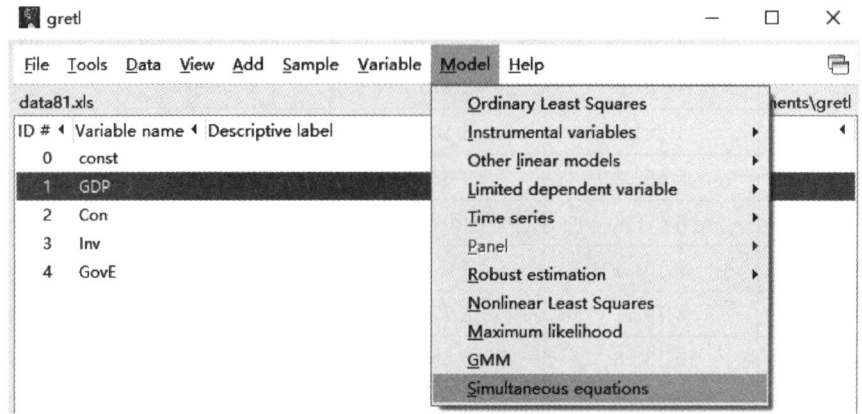

图 8-1　启动联立方程模型

在弹出的对话框里,填入内容如图 8-2 所示,前面三行分别是三个方程,最后一行给出内生变量,再从下面选择 OLS 方法。

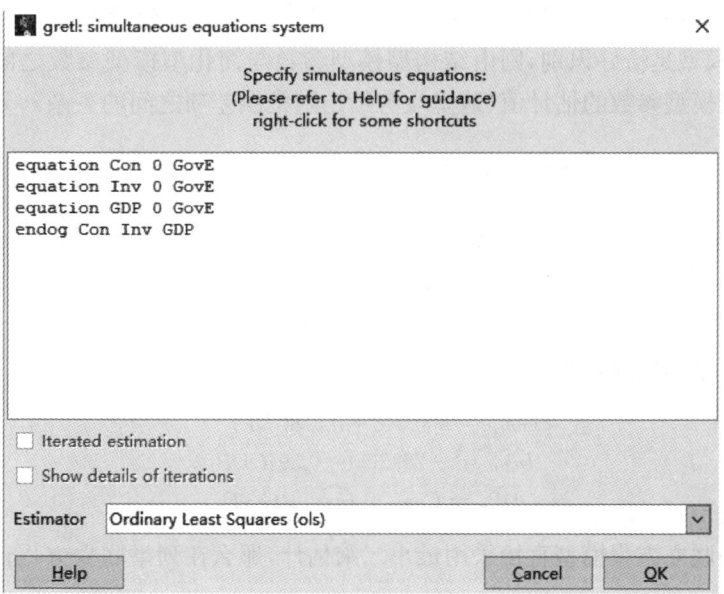

图 8-2　列举联立方程

点击 OK,得到三个简化型方程的估计结果,如图 8-3 所示。

```
Equation 1: OLS, using observations 1978-2003 (T = 26)
Dependent variable: Con

              coefficient   std. error   t-ratio    p-value
  ----------------------------------------------------------
  const         481.985      390.386      1.235     0.2289
  GovE            4.63185      0.0575428  80.49     1.03e-030 ***

Mean dependent var   23374.50   S.D. dependent var   21993.23
Sum squared resid    44626913   S.E. of regression   1363.618
R-squared            0.996310   Adjusted R-squared   0.996156

Equation 2: OLS, using observations 1978-2003 (T = 26)
Dependent variable: Inv

              coefficient   std. error   t-ratio    p-value
  ----------------------------------------------------------
  const        -370.329      525.163     -0.7052    0.4875
  GovE            3.15933      0.0774090  40.81     1.09e-023 ***

Mean dependent var   15244.38   S.D. dependent var   15081.10
Sum squared resid    80760264   S.E. of regression   1834.397
R-squared            0.985797   Adjusted R-squared   0.985205

Equation 3: OLS, using observations 1978-2003 (T = 26)
Dependent variable: GDP

              coefficient   std. error   t-ratio    p-value
  ----------------------------------------------------------
  const        -205.444      783.903     -0.2621    0.7955
  GovE            8.01923      0.115547   69.40     3.56e-029 ***

Mean dependent var   39428.89   S.D. dependent var   38101.62
Sum squared resid    1.80e+08   S.E. of regression   2738.174
R-squared            0.995042   Adjusted R-squared   0.994835
```

图 8-3　简化型方程的估计结果

从图 8-3 可以看出，简化型系数的估计值分别为：

$$\hat{\pi}_{00} = 481.985 \quad \hat{\pi}_{01} = 4.631\,85 \quad \hat{\pi}_{10} = -370.329$$
$$\hat{\pi}_{11} = 3.159\,33 \quad \hat{\pi}_{20} = -205.444 \quad \hat{\pi}_{21} = 8.019\,23$$

最后，因为模型是恰好识别，则由结构型模型参数与简化型模型参数之间的关系，可唯一地解出结构型模型参数的估计值（这里没有给出随机误差项之间的关系），分别为：

$$\alpha_0 = \pi_{00} - \frac{\pi_{01}\pi_{20}}{\pi_{21}} \quad \alpha_1 = \frac{\pi_{01}}{\pi_{21}} \quad \beta_0 = \pi_{10} - \frac{\pi_{11}\pi_{20}}{\pi_{21}} \quad \beta_1 = \frac{\pi_{11}}{\pi_{21}}$$

解得的结构模型的参数估计值为：

$$\hat{\alpha}_0 = 600.648 \quad \hat{\alpha}_1 = 0.578$$
$$\hat{\beta}_0 = -289.390 \quad \hat{\beta}_1 = 0.394$$

从而结构模型的估计式为：

$$\widehat{Con}_t = 600.648 + 0.578 GDP_t$$
$$\widehat{Inv}_t = -289.390 + 0.394 GDP_t$$
$$GDP_t = \widehat{Con}_t + \widehat{Inv}_t + GovE_t$$

如果对这一联立方程模型直接采用最小二乘估计，那么在列举联立方程窗口中，填入内容如图 8-4 所示。

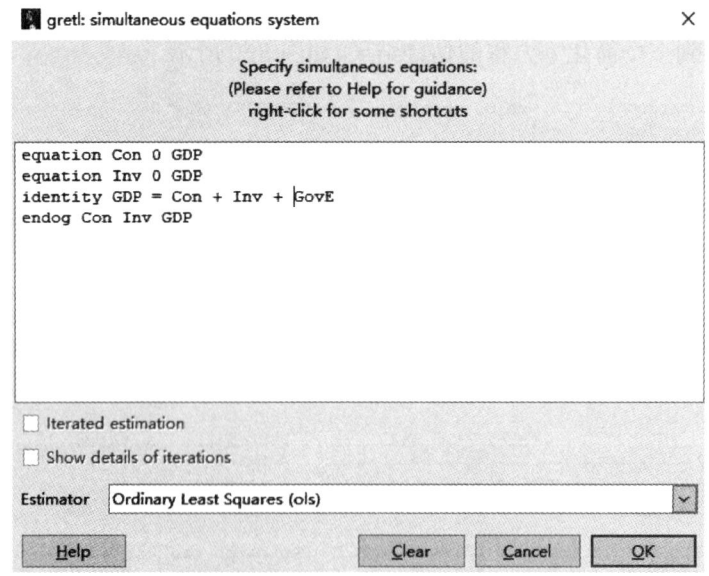

图 8-4 列举联立方程

点击 OK，得到联立方程模型的最小二乘估计结果，如图 8-5 所示。

从图 8-5 中可以看到，GDP 前面的系数和利用间接最小二乘法得到的系数差别不大，主要是因为样本量不大。但必须要记住的是：联立方程模型中如果存在内生变量作为解释变量，采用最小二乘法得到的估计量是有偏和不一致的，但间接最小二乘法得到的估计量是有偏和一致的。

过度识别模型的两阶段最小二乘法估计。

```
Equation 1: OLS, using observations 1978-2003 (T = 26)
Dependent variable: Con

             coefficient    std. error    t-ratio    p-value
  const       636.858       279.535         2.278    0.0319     **
  GDP         0.576675      0.00514619    112.1      3.75e-034  ***

Mean dependent var    23374.50    S.D. dependent var    21993.23
Sum squared resid     23067972    S.E. of regression      980.3905
R-squared             0.998092    Adjusted R-squared      0.998013

Equation 2: OLS, using observations 1978-2003 (T = 26)
Dependent variable: Inv

             coefficient    std. error    t-ratio    p-value
  const      -317.389       331.826        -0.9565   0.3484
  GDP         0.394679      0.00610886     64.61     1.97e-028  ***

Mean dependent var    15244.38    S.D. dependent var    15081.10
Sum squared resid     32505590    S.E. of regression     1163.787
R-squared             0.994283    Adjusted R-squared      0.994045
```

图 8-5　联立方程模型的最小二乘估计结果

考虑在宏观经济活动中，当期消费行为还要受到上一期消费的影响，当期的投资行为也要受到上一期投资的影响，因此，在上述宏观经济模型里再引入消费和投资的滞后一期变量。这时，宏观经济模型可写为：

$$Con_t = \alpha_0 + \alpha_1 GDP_t + \alpha_2 Con_{t-1} + \varepsilon_{1t}$$
$$Inv_t = \beta_0 + \beta_1 GDP_t + \beta_2 Inv_{t-1} + \varepsilon_{2t}$$
$$GDP_t = Con_t + Inv_t + GovE_t$$

类似于前面的判别方法，用阶条件和秩条件对上述模型进行识别判断（具体的判断过程从略），结论是消费函数和投资函数均是过度识别。对于过度识别的方程一般需要运用两阶段段最小二乘法对其参数进行估计。

在列举联立方程窗口，填入内容如图 8-6 所示，选择 TSLS 估计方法。

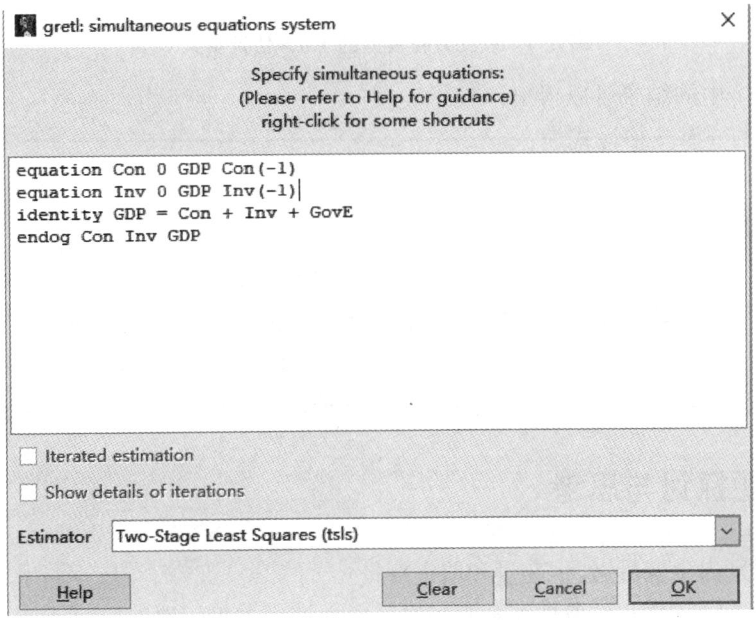

```
equation Con 0 GDP Con(-1)
equation Inv 0 GDP Inv(-1)
identity GDP = Con + Inv + GovE
endog Con Inv GDP
```

图 8-6　联立方程模型的 TSLS 估计

点击 OK，得到联立方程模型的 TSLS 估计结果，如图 8-7 所示。

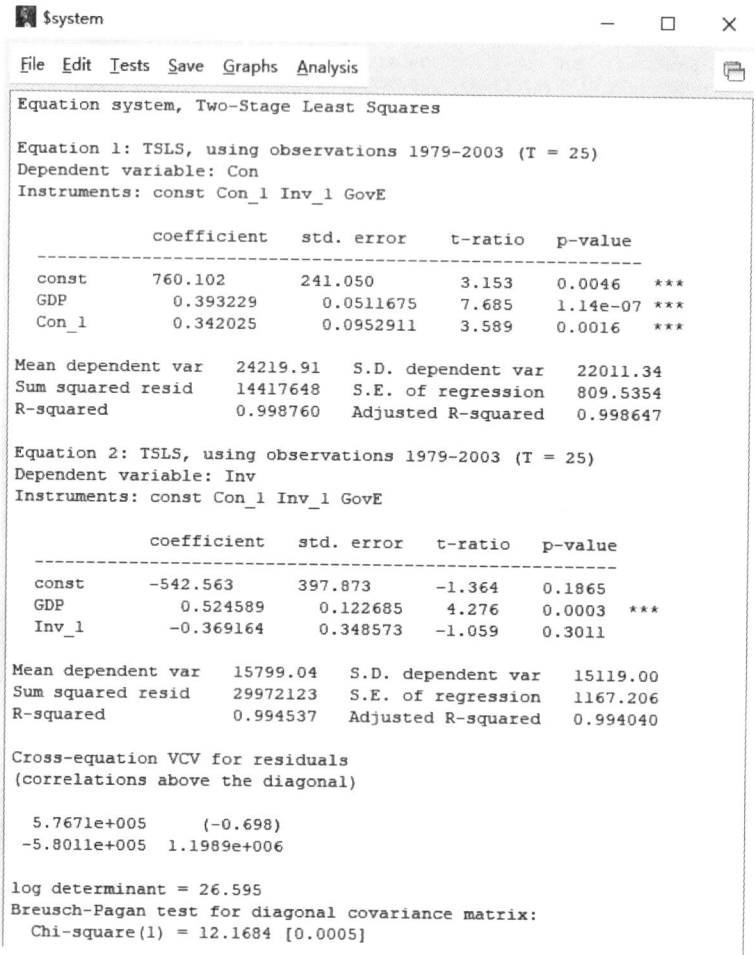

图 8-7 联立方程模型的 TSLS 估计结果

根据图 8-7 中的结果可以得出：

消费函数的 TSLS 估计式为：

$$\widehat{Con_t} = 760.102 + 0.393 GDP_t - 0.342\, con_{t-1}$$

投资函数的估计式为：

$$\widehat{Inv_t} = -542.563 + 0.525 GDP_t - 0.369 Inv_{t-1}$$

由以上的估计结果可以得到：国内生产总值对当期的消费存在着显著的正影响，前期的消费对当期的消费也存在着非常显著的影响，而前期的投资对当期的投资影响则不显著。这表明消费具有显著的惯性，而投资往往不具有这种惯性，这与实际情况是相符的。

四、问题探讨与思考

1. 如何识别内生变量、外生变量和前定变量？
2. 为什么要阶条件和秩条件结合起来进行联立模型方程的识别？

3. 联立方程模型参数的单方程估计和系统估计有何不同？

五、练习

数据文件 ex81.xls 为中国国民经济年度时间序列统计资料，其中，Con 为消费，Inv 为投资，Y 是国民生产总值，$GovE$ 是政府购买支出。利用所给的中国宏观经济资料建立如下的凯恩斯宏观经济模型：

$$Con_t = \alpha_0 + \alpha_1 Y_t + \alpha_2 Con_{t-1} + \varepsilon_{1t}$$
$$Inv_t = \beta_0 + \beta_1 Y_{t-1} + \varepsilon_{2t}$$
$$Y_t = Con_t + Inv_t + GovE_t$$

六、案例程序

1. gretl 程序

【案例 8.1】

open E:\data\data81.xls
system method = ols
equation Con 0 GovE
equation Inv 0 GovE
equation GDP 0 GovE
endog Con Inv GDP
end system
system method = ols
equation Con 0 GDP
equation Inv 0 GDP
identity GDP = Con + Inv + GovE
endog Con Inv GDP
end system
system method = tsls
equation Con 0 GDP Con(-1)
equation Inv 0 GDP Inv(-1)
identity GDP = Con + Inv + GovE
endog Con Inv GDP
end system

2. EViews 程序

【案例 8.1】

wfopen E:\data\data810.xls @freq A @id @date(year)

```
system macro1
macro1.append cons = c(1) + c(2) * gove
macro1.append inv = c(3) + c(4) * gove
macro1.append gdp = c(5) + c(6) * gove
macro1.append inst gove
macro1.ls
show macro1.results
system macro2
macro2.append cons = c(1) + c(2) * gdp
macro2.append inv = c(3) + c(4) * gdp
macro2.append inst gove
macro2.ls
show macro2.results
system macro3
macro3.append cons = c(1) + c(2) * gdp + c(3) * cons(-1)
macro3.append inv = c(4) + c(5) * gdp + c(6) * inv(-1)
macro3.append inst cons(-1) inv(-1) gove
macro3.tsls
show macro3.results
```

第九章

分类选择模型

一、学习目标

通过对本章的学习,学生应理解分类选择模型的应用背景,掌握 Probit 模型和 Logit 模型的参数估计,并能对估计结果进行相应分析,以及可以利用所建立的模型进行预测。

二、案例简介

Probit 模型。[案例 9.1]研究分析了一国或地区的开放度和其人均 GDP 之间的关系,结果表明,人均 GDP 的高低和一个国家或地区的开放度显著相关,且利用构建的 Probit 模型对样本内的数据拟合比较好。

Logit 模型。[案例 9.2]通过某校某个专业当年报考硕士研究生考生的入学考试分数及是否应届生等数据,分析了当年研究生最终的录取情况,研究发现,考生是否是应届生对录取有一定的影响,而入学考试成绩则是最终录取与否的决定性影响因素。

三、案例分析

【案例 9.1】 估计一国或地区的开放度和其人均 GDP 之间关系。假设人均 GDP 的高低与自由贸易程度(Y)相关,显著性水平取为 5%,以 1992 年的国际数据为例来进行检验,其中 X 为人均 GDP,单位是美元,数据如表 9-1 所示。其中,变量 Y 取 1,表示自由贸易,取 0 则反之。

表 9-1 一国或地区的开放度和人均 GDP

Country	Y	X	Country	Y	X
Burundi	0	569	Morocco	1	2 173
Chad	0	408	Nigeria	0	978
Congo	0	2 240	Rwanda	0	762
Egypt	0	1 869	Singapore	1	12 653
Hong Kong	1	16 471	South Africa	1	3 068
India	0	1 282	Tunisia	1	3 075
Indonesia	1	2 102	Uganda	1	547
Ivory Coast	0	1 104	Uruguay	1	5 185
Kenya	0	914	Venezuela	1	7 082
Malaysia	1	5 746	Zimbabwe	0	1 162

先作出变量 Y 对 X 的散点图,如图 9-1 所示。从图 9-1 中可以看到这个散点图和前面接触到的有所不同,这里变量 Y 的取值仅为 0 和 1。

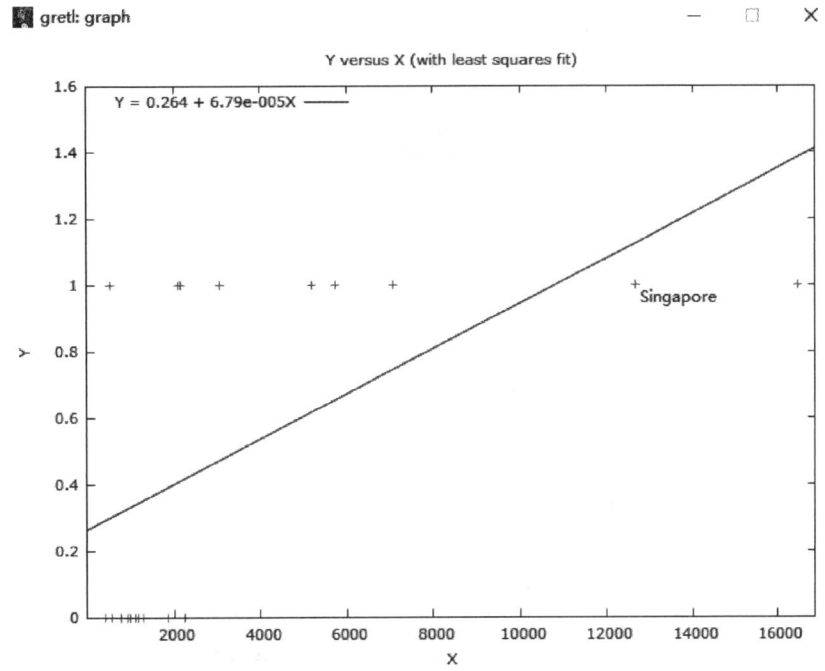

图 9-1 开放度和人均 GDP 的散点图

接着估计模型的参数。对于 Probit 模型，点击菜单 Model→Limited dependent variable→Probit→Binary，如图 9-2 所示。

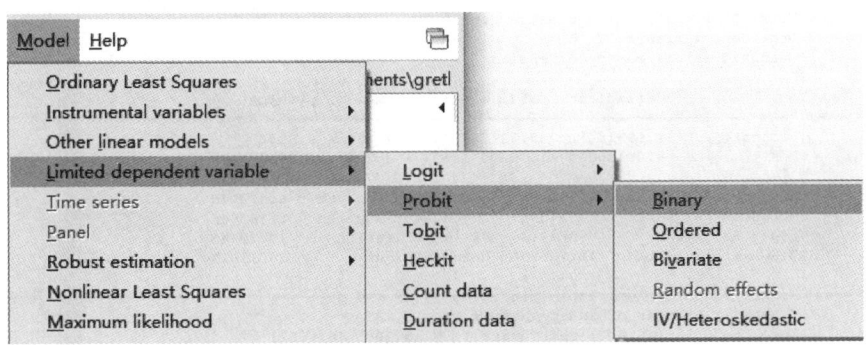

图 9-2 启动 Probit 模型

弹出 Probit 模型设定窗口，如图 9-3 所示。

在 Probit 模型设定窗口填选有关内容后，点击 OK，得到 Probit 模型的估计结果，如图 9-4 所示。

由于 Probit 模型用标准正态分布，t 检验时临界值可参照标准正态分布表，显然在给定显著性水平 5% 时，估计的参数是显著的。

X 对 $P(Y=1)$ 的边际效应：

$$f(\beta_0 + \beta_1 \overline{X}) \times \beta_1 = \phi(-1.994\ 2 + 0.001\ 0 \times 3\ 469.5) \times 0.001\ 0 = 0.000\ 1$$

这里 $f(\beta_0 + \beta_1 \overline{X})$ 的值就是图 9-4 中的 $f(\text{beta'x})$ at mean of independent vars=0.132。

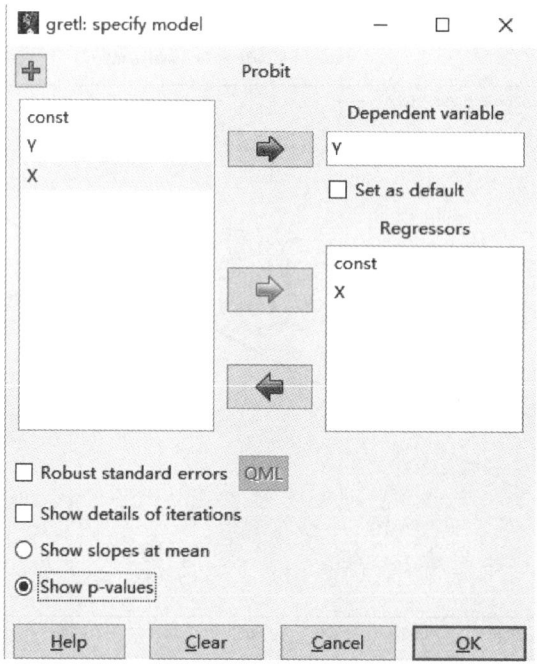

图 9-3 Probit 模型设定

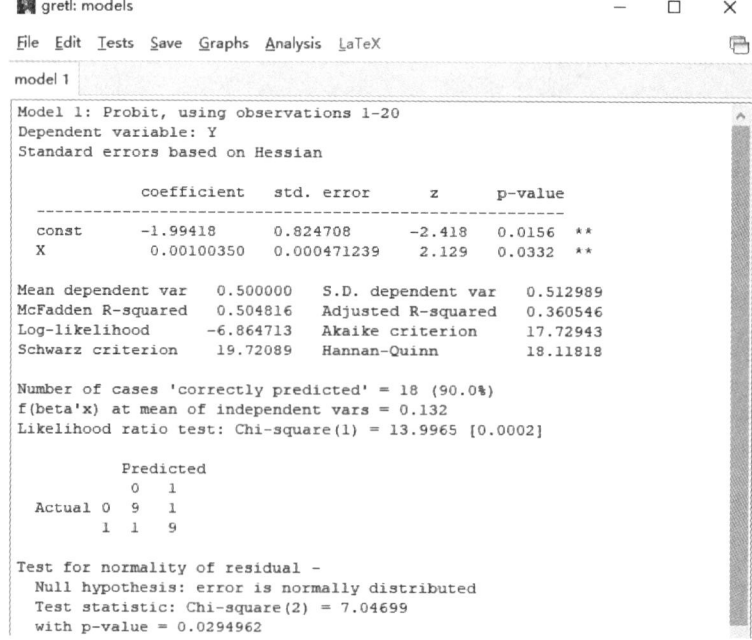

图 9-4 Probit 模型估计结果

这个边际效应也可以解释为 X 对 Y 期望值的边际影响。[案例 9.2]将介绍 Logit 模型，本案例只用 Probit 模型进行分析。

再来检验拟合效果。

利用似然比指数(like lihood ratio index)度量模型拟合的好坏。

$$LRI = 1 - \frac{\ln L}{\ln L_0} = 1 - \frac{-6.8647}{-13.8629} = 0.50$$

其中，lnL 是估计模型的对数似然值，lnL_0 是只有截距项模型的对数似然值。该指标用来检验模型拟合效果，类似于线性回归模型中的 R^2。

最后，利用构建的模型进行预测，如图 9-5 所示。

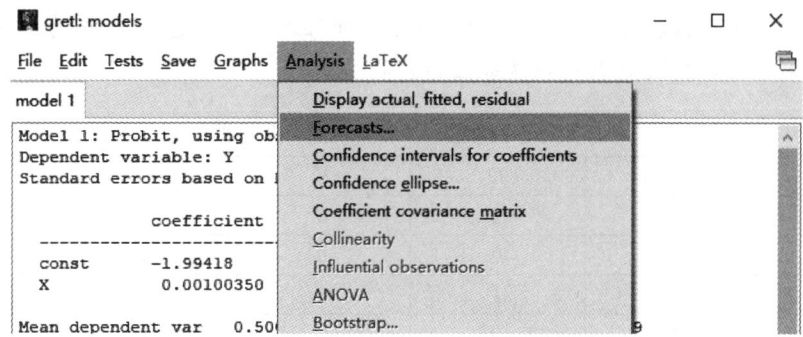

图 9-5 利用 Probit 模型预测

在弹出的窗口中进行 Probit 模型预测设定，如图 9-6 所示。
点击 OK，得到 Probit 模型预测结果，如图 9-7 所示。

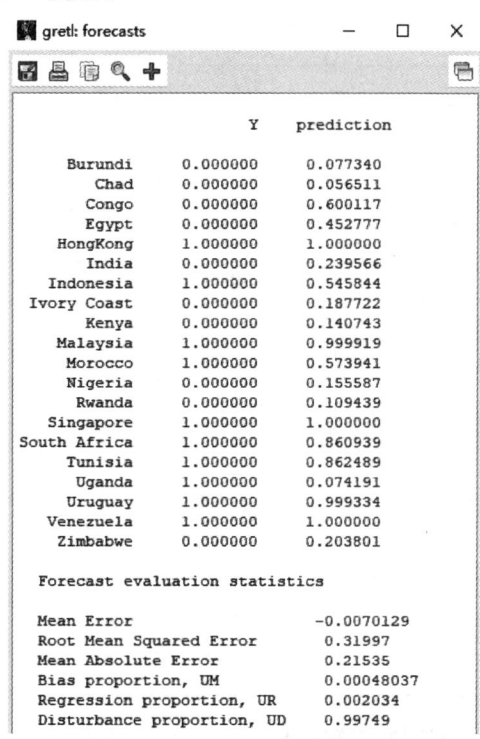

图 9-6 Probit 模型预测设定　　　　图 9-7 Probit 模型预测结果

在图 9-7 所示的结果中，预测值大于等于 0.5 时，对应的 Y 值为 1，则预测结果是准确的。从结果可以看到，样本内预测非常准确，从图 9-4 中也可以看到预测的准确率。

若给定样本外观测值，则可以得到预测结果，进而判断 Y 值，即这个国家或地区是否为自由贸易。例如,假设某个国家或地区的人均 GDP 为 2 000 美元,利用 Probit 模型得到的预测值为 0.505,因此判断 Y 值为 1,即表示该国家或地区为自由贸易(这个预测的 gretl 软件操作类似前面,先增加观测值,后再进行预测,这里不再赘述)。

【案例 9.2】 某校某个专业当年报考硕士研究生考生的入学考试分数及录取情况,如表 9-2 所示。考生考试分数用 SCORE 表示,录取状况用 Y 表示,1 表示录取,D 是用来区分应届生与往届生的虚拟变量,取 1 表示应届生。加入此虚拟变量,主要是为了考察考生是否是应届生对于录取情况是否存在显著性影响。

表 9-2　　　　　　　　　　某专业硕士研究生入学考试分数及录取情况

Y	SCORE	D	Y	SCORE	D
1	401	1	0	347	1
1	401	0	0	347	1
1	392	1	0	344	1
0	387	0	0	339	1
1	384	1	0	338	0
1	379	0	0	338	1
0	378	0	0	336	1
1	378	0	0	334	0
1	376	1	0	332	1
0	371	0	0	332	1
1	362	0	0	332	1
1	362	1	0	331	1
1	361	1	0	330	1
0	359	1	0	328	1
1	358	1	0	328	1
1	356	1	0	328	1
1	356	0	0	321	0
0	355	1	0	321	1
0	354	1	0	318	1
0	354	0	0	318	0
0	353	1	0	316	1
0	350	0	0	308	0
0	349	0	0	308	1
0	349	0	0	304	0
0	348	1	0	303	1

利用所给数据构建 Logit 模型,操作过程类似于[案例 9.1],得到的 Logit 模型估计结果,如图 9-8 所示。

从图 9-8 可以看到,虚拟变量 D 后面的 P 值为 0.068 8,意味着在 5% 的显著性水平下,是否是应届生对录取不存在显著的影响。但是,若取显著性水平为 10%,是否是应届生对录取则存在显著性差异,由于应届生取 1,因此应届生的录取占有明显的优势。

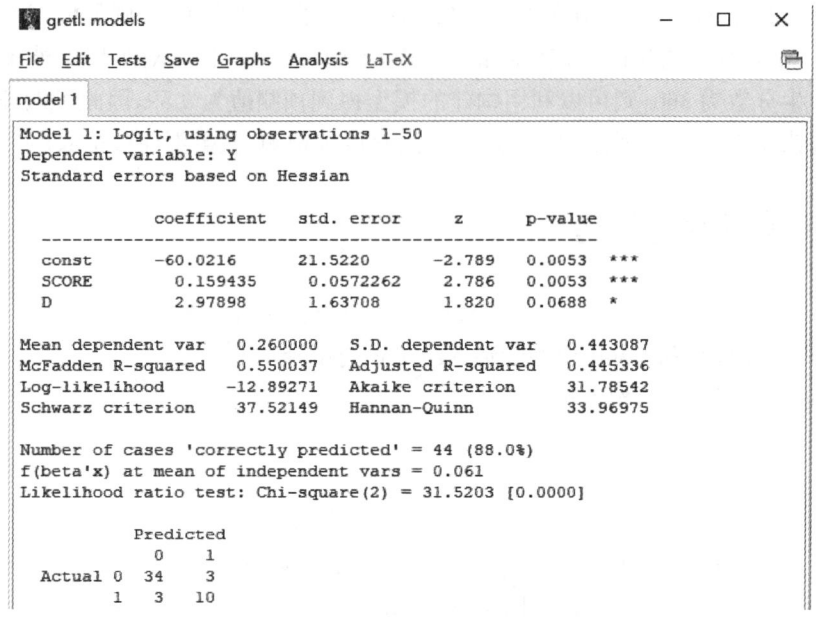

图 9-8　Logit 模型估计结果

由上面结果可以看到,因变量实际取值为 0 的有 37 个,利用模型预测出的有 34 个,实际为 1 的有 13 个,预测为 1 的有 10 个,表明模型的样本内预测比较准确,准确率为 44/50＝88％,图 9-8 中也显示了这个结果。分数 SCORE 前面的系数为 0.159 435,P 值为 0.005 3,表示在 5％的显著性水平下,分数对录取存在正的显著性影响。

对于 Logit 模型,概率密度函数为:

$$f(x) = \frac{e^x}{(1+e^x)^2}$$

分数 SCORE 对录取概率,即 $P(Y=1)$ 的边际效应:

$$\frac{e^{\beta_0+\beta_1\overline{SCORE}+\beta_2\overline{D}}}{(1+e^{\beta_0+\beta_1\overline{SCORE}+\beta_2\overline{D}})^2} \times \beta_1 = 0.061 \times 0.159\ 435 = 0.009\ 7$$

这个边际效应也可以解释为 SCORE 对 Y 期望值的边际影响。

利用所建立的模型进行样本内预测,具体预测结果,如图 9-9 所示。

图 9-9　预测结果

在图 9-9 所示的结果中，预测值大于 0.5 时，对应的 Y 值为 1 的，则是模型预测准确的；Y 值为 0 的，则是预测错误的，准确率和图 9-8 所示的结果一样。对于样本外预测，若已知某个应届学生分数为 360，则可以利用构建的模型得到预测值为 0.59，因此可以预测，该生会被录取。若该生为往届生，则预测值为 0.07，因此可以预测，该生不会被录取。

四、问题探讨与思考

1. Probit 模型和 Logit 模型相对于线性概率模型有什么不同？
2. 对 Probit 模型和 Logit 模型的估计结果进行解释。
3. 如何利用模型进行相关预测？

五、练习

利用 Logit 模型和 Probit 模型，分析上下班开车和乘公共汽车所需时间差对选择开车的影响。数据文件为 ex91.xls。其中，变量 *autotime* 为开车上下班所需时间（分钟），*bustime* 是乘坐公共汽车上下班所需时间，利用 *autotime* 和 *bustime* 构造解释变量 *dtime*，*dtime*＝(*bustime*－*autotime*)÷10，是两者所需时间的差除以 10 后的单位数，auto 变量取 1 表示选择开车。

六、案例程序

1. gretl 程序

【案例 9.1】

```
open E:\data\data91.xls
gnuplot Y X
scatters Y;X
probit Y 0 X --p-values
addobs 1
scalar n =$nobs
X[n] = 2000
fcast yp --out-of-sample
Yp = (yp>=0.5)
printyp Yp
```

【案例 9.2】

```
open E:\data\data92.xls
logit Y 0 SCORED --p-values
fcast 1 50 --static
```

scalar n =$nobs
addobs 2
SCORE[n + 1] = 360
D[n + 1] = 1
SCORE[n + 2] = 360
D[n + 2] = 0
fcast yp --out-of-sample
genr Yp = (yp> = 0.5)
print yp Yp

2. EViews 程序

【案例 9.1】

create u 20
read E:\data\data91.xls 2
equation eq1.binary y c x
eq1.results
scalar n = eq1.@regobs
scalar k = eq1.@ncoef
expand 1 21
x(n + 1) = 2000
forecast yf
genry fp = yf> = 0.5
showy fy fp

【案例 9.2】

wfopen E:\data\data920.xls @freq U 1
equation eq1.binary(d = l) y c score d1
eq1.results
scalar n = eq1.@regobs
scalar k = eq1.@ncoef
pagestruct(end = @last + 2) *
score(n + 1) = 360
d1(n + 1) = 1
score(n + 2) = 360
d1(n + 2) = 0
forecast yf
genr yfp = yf> = 0.5
show yf yfp

第十章

面板数据

一、学习目标

通过对本章的学习,学生应理解面板数据的建模,掌握固定效应模型和随机效应模型的参数估计,并能对估计结果进行相应分析,了解面板数据模型中的异方差检验和豪斯曼检验等。

二、案例简介

[案例10.1]研究分析了5家企业20年的投资、前一年企业的市场价值和前一年年末工厂存货和设备的价值之间的关系,先采用混合模型估计,再结合数据特征构建了固定效应模型和随机效用模型。

三、案例分析

【案例10.1】 利用面板数据模型分析企业投资需求,共有5家企业20年的观测值,涉及的变量包括企业投资Inv、前一年企业的市场价值MV及前一年年末工厂存货和设备的价值IEV。5家企业分别是通用汽车、克莱斯勒、通用电气、西屋和美国钢铁。时间为1935—1954年,数据如表10-1所示。

表10-1　　　　　　　　　　5家企业20年投资等数据

T	ID	IEV	MV	Inv
1935	1	2.8	3 078.5	317.6
1936	1	52.6	4 661.7	391.8
1937	1	156.9	5 387.1	410.6
1938	1	209.2	2 792.2	257.7
1939	1	203.4	4 313.2	330.8
1940	1	207.2	4 643.9	461.2
1941	1	255.2	4 551.2	512.0
1942	1	303.7	3 244.1	448.0
1943	1	264.1	4 053.7	499.6
1944	1	201.6	4 379.3	547.5
1945	1	265.0	4 840.9	561.2
1946	1	402.2	4 900.9	688.1
1947	1	761.5	3 526.5	568.9

(续表)

T	ID	IEV	MV	Inv
1948	1	922.4	3 254.7	529.2
1949	1	1 020.1	3 700.2	555.1
1950	1	1 099.0	3 755.6	642.9
1951	1	1 207.7	4 833.0	755.9
1952	1	1 430.5	4 924.9	891.2
1953	1	1 777.3	6 241.7	1 304.4
1954	1	2 226.3	5 593.6	1 486.7
⋮	⋮	⋮	⋮	⋮
1953	5	623.6	2 031.3	641.0
1954	5	669.7	2 115.5	459.3

在 gretl 软件中导入表 10-1 的数据，并设置为 panel 数据结构。

若企业间及不同年份投资需求的影响无差异，则可以直接采用混合（pool）模型来分析，混合模型结果如图 10-1 所示。

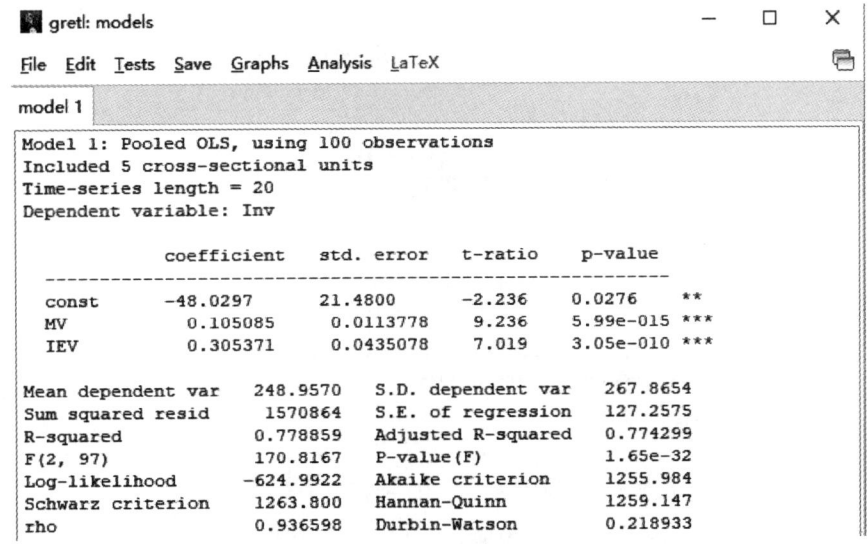

图 10-1　混合模型结果

根据图 10-1 的结果，可以得到：

$$\widehat{Inv} = -48.029\ 7 + 0.305\ 371 IEV + 0.105\ 085 MV$$
$$(-2.236)\qquad (7.019)\qquad\quad (9.236)$$

前一年企业的市场价值及前一年年末工厂存货和设备的价值对当年的企业投资均有显著的正的影响，尽管结论和理论与实际相符，但是考虑到 5 家企业规模的差异，可能存在横截面上的异方差,因此先进行异方差检验。采用 White 异方差检验,得到检验统计量值为 36.852 521,对应 P 值为 0.000 001,表明存在显著的异方差,因此,考虑采用基于 5 家企业个体单位误差方差的加权最小二乘估计。在主窗口中点击菜单 Model→Panel→Weighted least squares,如图 10-2 所示。

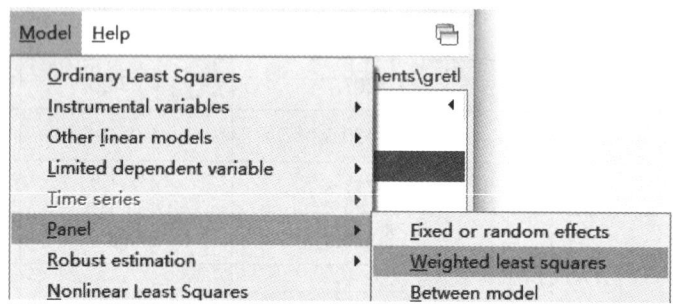

图 10-2　面板数据加权最小二乘估计

在弹出窗口中进行相关设定,如图 10-3 所示。

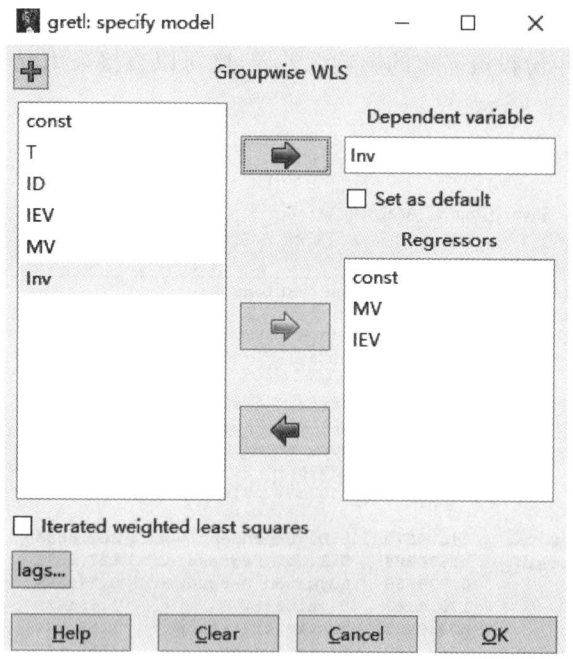

图 10-3　面板数据加权最小二乘估计的设定

点击 OK,得到面板数据加权最小二乘估计的结果,如图 10-4 所示。

较之前的结果,参数估计值有一定变化,估计量的有效性有所提升。尽管混合数据估计的结果合理,但是利用混合数据来建模是否适合?下面通过数据的可视化来进行直观判断利用混合数据建模是否合适。在 gretl 软件的主窗口中点击菜单 View→Graph specified vars→X-Y with factor separation…,如图 10-5 所示。

在弹出的定义图形窗口中选择相关变量,如图 10-6 所示。

```
Model 2: WLS, using 100 observations
Included 5 cross-sectional units
Dependent variable: Inv
Weights based on per-unit error variances

              coefficient    std. error    t-ratio     p-value
  ---------------------------------------------------------------
  const       -36.2536       6.05099       -5.991      3.54e-08   ***
  MV            0.0949903    0.00732016    12.98       6.36e-023  ***
  IEV           0.337815     0.0298631     11.31       2.03e-019  ***

Statistics based on the weighted data:

Sum squared resid     94.69046    S.E. of regression    0.988023
R-squared              0.901373   Adjusted R-squared    0.899340
F(2, 97)             443.2535     P-value(F)            1.62e-49
Log-likelihood       -139.1660    Akaike criterion    284.3320
Schwarz criterion    292.1475     Hannan-Quinn        287.4951

Statistics based on the original data:

Mean dependent var    248.9570    S.D. dependent var   267.8654
Sum squared resid    1585286      S.E. of regression   127.8403
```

图 10-4　面板数据加权最小二乘估计的结果

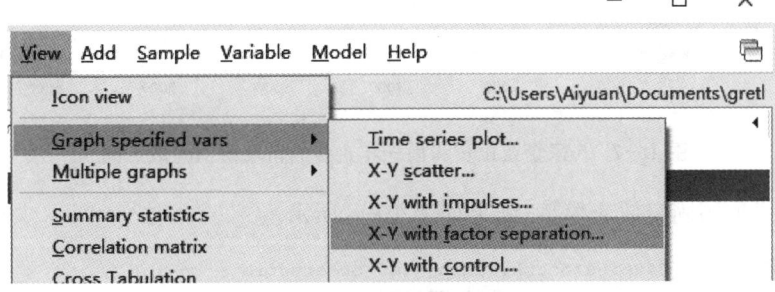

图 10-5　分类别因素的散点图

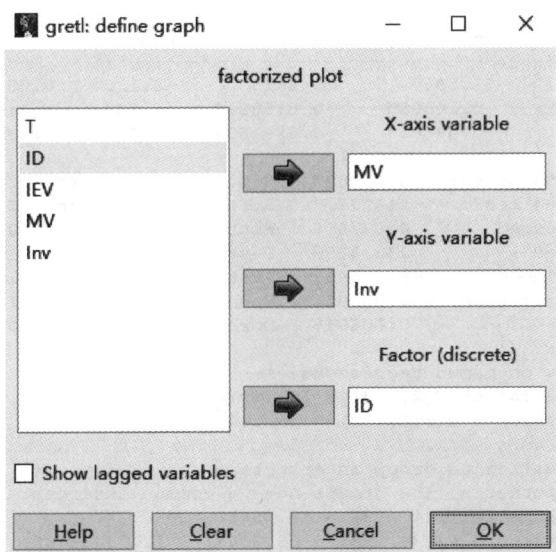

图 10-6　图形变量的设定

点击 OK(见图 10-6),得到 5 家企业投资和前一年企业的市场价值的散点图,如图 10-7 所示。根据 5 家企业投资和前一年企业的市场价值的散点图可以发现,拟合混合模型显然不太适合,因为每家企业的散点显示,不同企业的两个变量之间关系有很大差异。

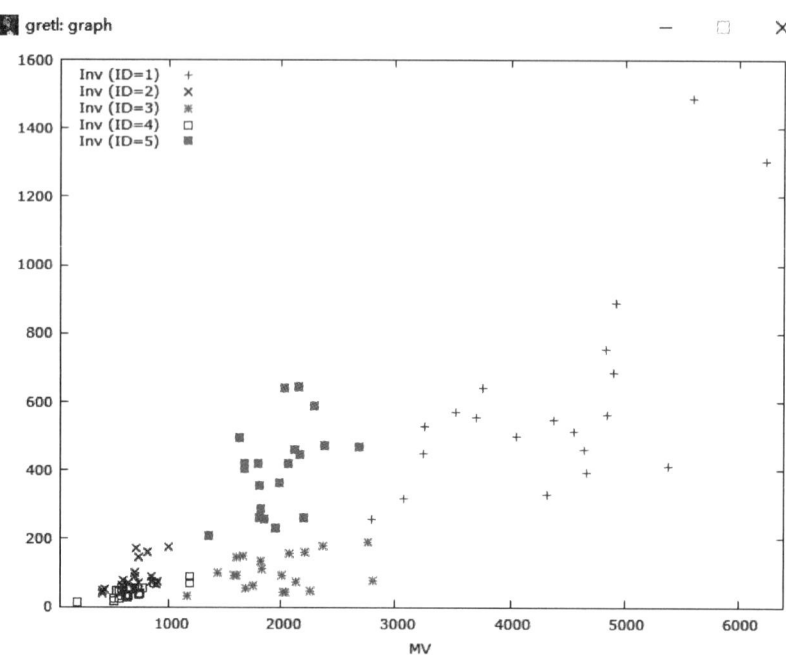

图 10-7　5 家企业投资和前一年企业的市场价值的散点图

因此,考虑采用固定效应模型,结果如图 10-8 所示。

```
Model 3: Fixed-effects, using 100 observations
Included 5 cross-sectional units
Time-series length = 20
Dependent variable: Inv

              coefficient   std. error   t-ratio    p-value
  ---------------------------------------------------------------
  const        -62.5960     29.4415      -2.126     0.0361    **
  MV             0.105980    0.0158908    6.669     1.81e-09  ***
  IEV            0.346663    0.0241609   14.35      2.63e-025 ***

Mean dependent var   248.9570   S.D. dependent var    267.8654
Sum squared resid    444276.7   S.E. of regression     69.11707
LSDV R-squared         0.937456 Within R-squared        0.800349
LSDV F(6, 93)        232.3259   P-value(F)              1.07e-53
Log-likelihood      -561.8455   Akaike criterion     1137.691
Schwarz criterion   1155.927    Hannan-Quinn         1145.071
rho                    0.606046 Durbin-Watson           0.774530

Joint test on named regressors -
  Test statistic: F(2, 93) = 186.407
  with p-value = P(F(2, 93) > 186.407) = 2.90129e-033

Test for differing group intercepts -
  Null hypothesis: The groups have a common intercept
  Test statistic: F(4, 93) = 58.9568
  with p-value = P(F(4, 93) > 58.9568) = 1.07488e-024
```

图 10-8　固定效应模型的结果

在模型结果窗品点击菜单 Save→Per-unit constants,可以得到每家企业的截距项。最下面的检验结果表明,固定效应模型要优于混合模型,验证了之前数据可视化时所作的直观判断。这里采用的是虚拟变量最小二乘法,添加时间虚拟变量,结果显示仅有一个时点在显著性水平为 0.05 时显著,因此,这里没有考虑时点固定效应。此外,估计的结果表明,前一年企业的市场价值及前一年年末工厂存货和设备的价值对企业当年的投资均有着非常显著的正的影响。

再估计随机效应模型,结果如图 10-9 所示。

```
Model 4: Random-effects (GLS), using 100 observations
Included 5 cross-sectional units
Time-series length = 20
Dependent variable: Inv

              coefficient    std. error        z         p-value
  ---------------------------------------------------------------
  const         -60.2919       54.4840       -1.107      0.2685
  MV              0.104886      0.0147971     7.088      1.36e-012  ***
  IEV             0.346019      0.0242533    14.27       3.52e-046  ***

Mean dependent var    248.9570    S.D. dependent var    267.8654
Sum squared resid    1592937      S.E. of regression    127.4930
Log-likelihood       -625.6898    Akaike criterion     1257.380
Schwarz criterion    1265.195     Hannan-Quinn         1260.543

'Between' variance = 10952.3
'Within' variance = 4777.17
theta used for quasi-demeaning = 0.853906
corr(y,yhat)^2 = 0.778125

Joint test on named regressors -
  Asymptotic test statistic: Chi-square(2) = 384.946
  with p-value = 2.57121e-084

Breusch-Pagan test -
  Null hypothesis: Variance of the unit-specific error = 0
  Asymptotic test statistic: Chi-square(1) = 453.828
  with p-value = 1.05918e-100

Hausman test -
  Null hypothesis: GLS estimates are consistent
  Asymptotic test statistic: Chi-square(2) = 3.30497
  with p-value = 0.191573
```

图 10-9 随机效应模型的结果

因此,对于本案例来说,Breusch-Pagan 检验表明混合数据模型是不适合的,Hausman 检验结果表明应采用随机效应模型。不过,随机效应模型和固定效应模型相比较,前一年企业的市场价值及前一年年末工厂存货和设备的价值前面的系数估计结果相差不大。

四、问题探讨与思考

1. 如何判断混合模型是否合适?
2. 固定效应模型和随机效用模型应如何选择?

五、练习

利用数据文件 ex101.xls 提供的 1997—2000 年某航空公司 1 198 条航线的有关数据,数据中 year 是年度,id 为航线编号,构建模型:

$$log(fare_{it}) = \alpha_i + \beta_i concen_{it} + \beta_2 log(dist_i) + \beta_3 [log(dist_i)]^2 + \beta_4 log(passen_{it}) + \varepsilon_{it}, t = 1,\cdots,4$$

分析航程距离(dist)、日平均乘客数目(passen)和航班集中度(concen)对机票平均价格(fare)的影响。

六、案例程序

1. gretl 程序

【案例 10.1】

open E:\data\data101.xlsx

setobs ID T--panel-vars

panel Inv 0 MV IEV--pooled

modtest--white

panel Inv 0 MV IEV--unit-weights

gnuplot Inv MV ID--output = display--dummy

panel Inv 0 MV IEV

panel Inv 0 MV IEV--random-effects

2. EViews 程序

【案例 10.1】

wfopen E:\data\data101.xlsx @freq A @id id @date(t)

equation pool1.ls(b)inv c mv iev

freeze pool1.results

pool1.white(c)

equation pool2.ls(b,wgt = cxdiag)inv c mv iev

pool2.results

group ex 10 mv inv

ex10.scat(panel = combine)

equation panel3.ls(cx = f)inv c mv iev

panel3.results

equation panel4.ls(cx = r)inv c mv iev

freeze panel4.results

panel4.ranhaus

附录 A

gretl 软件简介

一、gretl 软件的获取和安装

gretl 软件的名称来自英文 Gnu Regression，Econometrics and Time-series Library 的首字母，它是使用 GNU General Public License 授权的开源软件（Open Source Software），由 Allin Cottrell and Riccardo "Jack" Lucchettii 共同开发的计量经济软件。开源软件是指可以自由下载、传播和改动的软件。gretl 软件可以从网站 http://gretl.sourceforge.net 下载，软件分安装版和便携版，且 gretl 软件还有对应不同操作系统的版本，可以根据自己的需要来选择下载。到 2018 年 9 月 10 日为止，gretl 最新版本为 2018c（现在 gretl 软件编号通常根据年份加 a、b、c、d 得来）。本实验教学案例集中使用 windows 版 64 位的 gretl 软件，版本号为 2018a。gretl 软件一直更新较快，新版本的界面和功能或许会有些许改变。

对于安装版，只要双击下载好的可执行文件 gretl-2018a-64.exe（64 位）或 gretl-2018a.exe（32 位）就可以执行 gretl 软件的安装程序。通过右击我的电脑→属性，系统类型中会显示操作系统位数。对于便携版，则只要解压缩文件 gretl-2018a-win32.zip，即可正常使用 gretl 软件，无需安装。如果不清楚电脑操作系统是 32 位还是 64 位，那么建议直接选择 32 位的软件安装。

安装好使用 gretl 时，可以从"开始"菜单的所有程序中点击 gretl 程序图标，或双击安装目录中的 gretl.exe 文件打开 gretl 软件；便携版的则在解压缩的文件夹中双击 gretl.exe 文件就可以打开 gretl 软件。gretl 软件的主界面如图 A-1 所示。

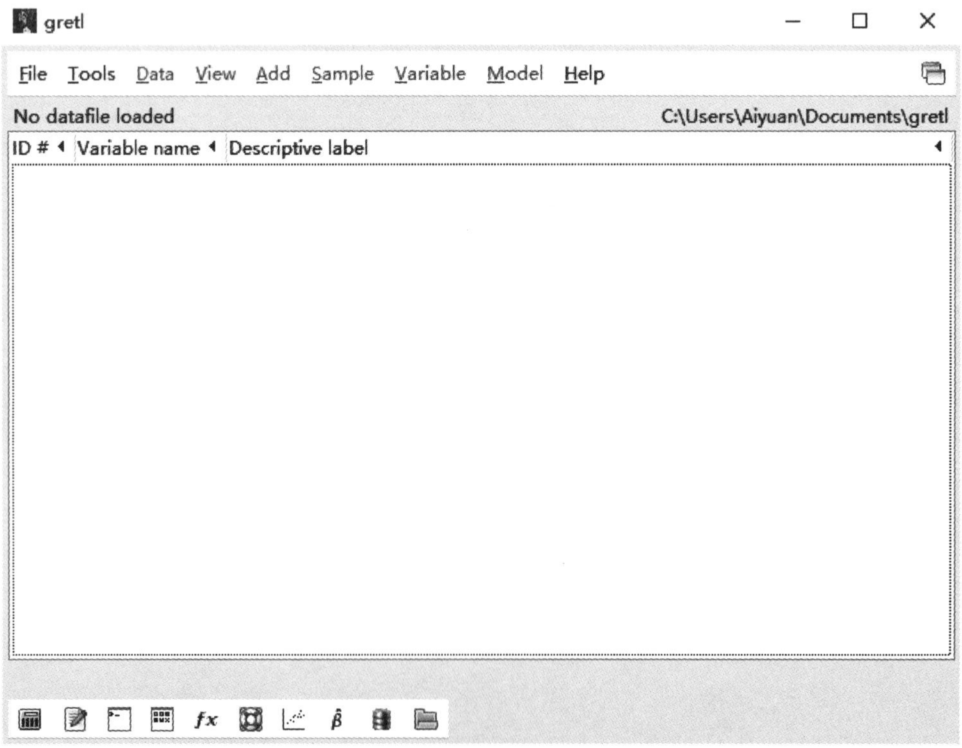

图 A-1　gretl 软件界面

二、数据的读取及处理

gretl 软件能够直接读取文本、Excel、Stata、EViews、SPSS 及 SAS 等格式的数据。点击菜单 File→Open data→User file…，或使用快捷键 Ctrl＋O，在弹出的窗口中点击右下角下拉菜单，就可以看到 gretl 软件可读取的文件格式，如图 A-2 所示。

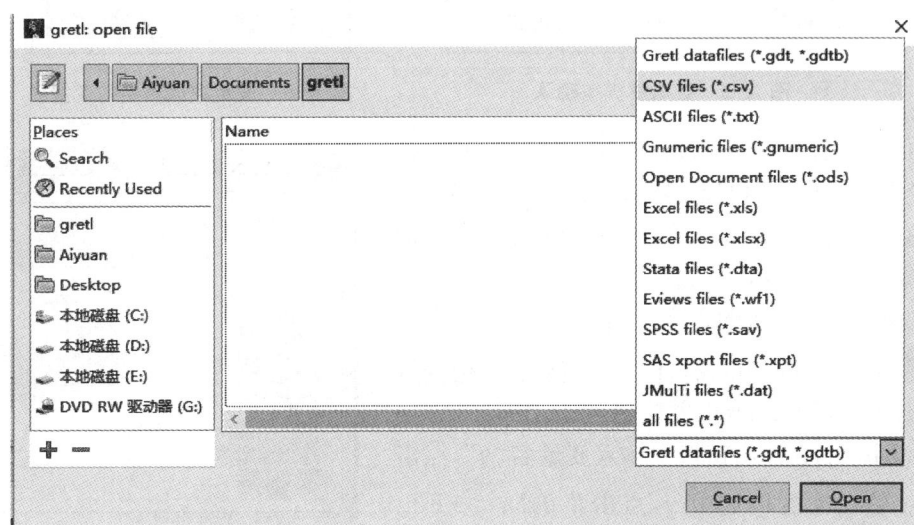

图 A-2　gretl 软件可读取的文件格式

gretl 软件能够读取三种类型的数据：截面数据（Cross-sectional）、时间序列（Time series）和面板数据（Panel），可以根据需要来选择。接下来简要介绍数据的输入和处理。

1. 直接输入数据

在 gretl 软件中点击菜单 File→New data set，或使用快捷键 Ctrl＋N，弹出数据集观测值数目设定窗口，如图 A-3 所示。

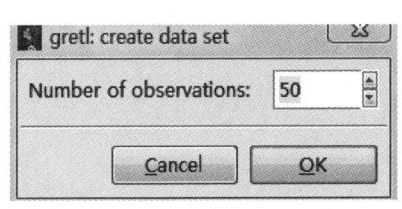
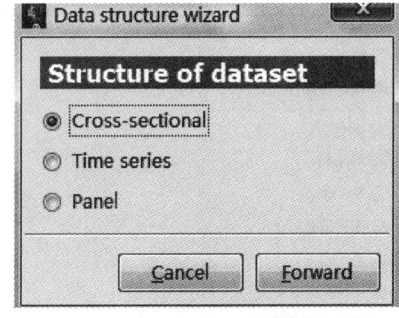

图 A-3　数据集观测值数目设定　　　　图 A-4　数据集类型选择

根据需要调整观测值数目，点击 OK，弹出数据集类型选择窗口，如图 A-4 所示。

选择截面数据、时间序列或面板数据，若是截面数据，则直接点击 Forward，得到数据集类型确认窗口，如图 A-5 所示。

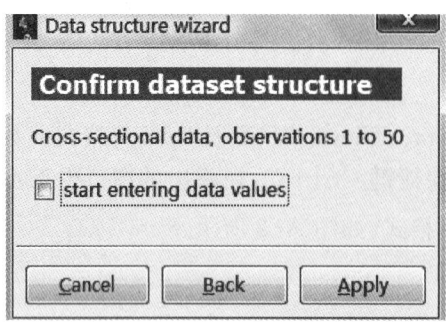
图 A-5　数据集类型确认

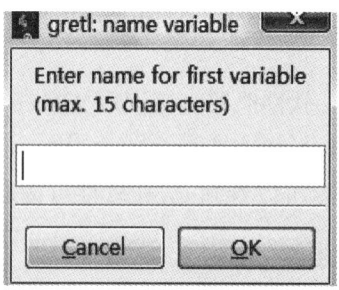
图 A-6　设定数据集中的变量名

勾选"start entering data values",点击 Apply,弹出设定数据集中的变量名窗口,如图 A-6 所示。

键入变量名,如"x",点击 OK,弹出数据编辑窗口,如图 A-7 所示。

在编辑栏中依次输入变量值,输入完成后点击图标✓,关闭 edit data 窗口即可。若还有其他变量要输入,如 y,则在 gretl 主窗口点击 Add→Define new variable...,在弹出窗口中输入变量名"y",点击 OK。然后在主窗口选中 y,点击菜单 Data→Edit values,就可以依次输入变量 y 的值了。

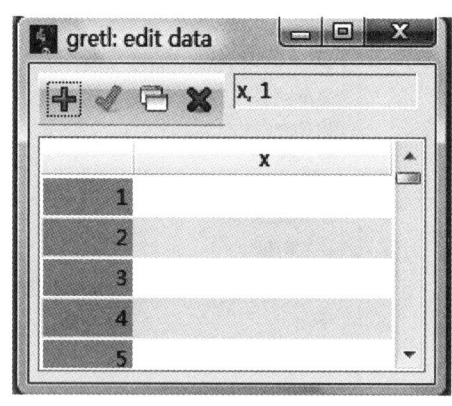
图 A-7　编辑数据

2. 外部文件读入数据

gretl 软件可以很便捷地读取外部数据文件,以 excel 格式的数据文件 data11.xls 为例。点击菜单 File→Open data→User file...,在弹出窗口中点开右下角的下拉菜单,选中 Excel files(*.xls)格式,如图 A-8 所示。

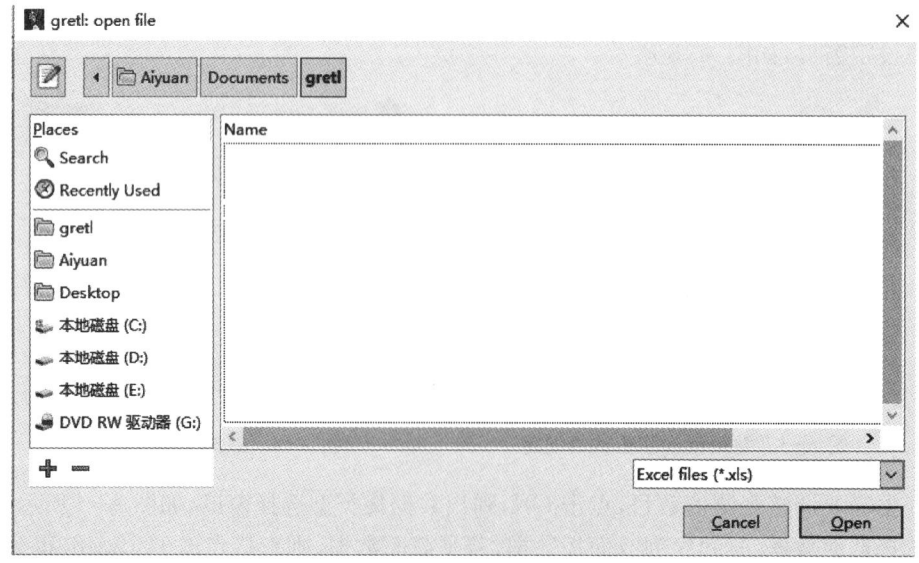

图 A-8　选择外部数据文件格式

然后，在左侧显示的磁盘中找到要导入的数据文件 data11.xls，点击 Open，如图 A-9 所示。

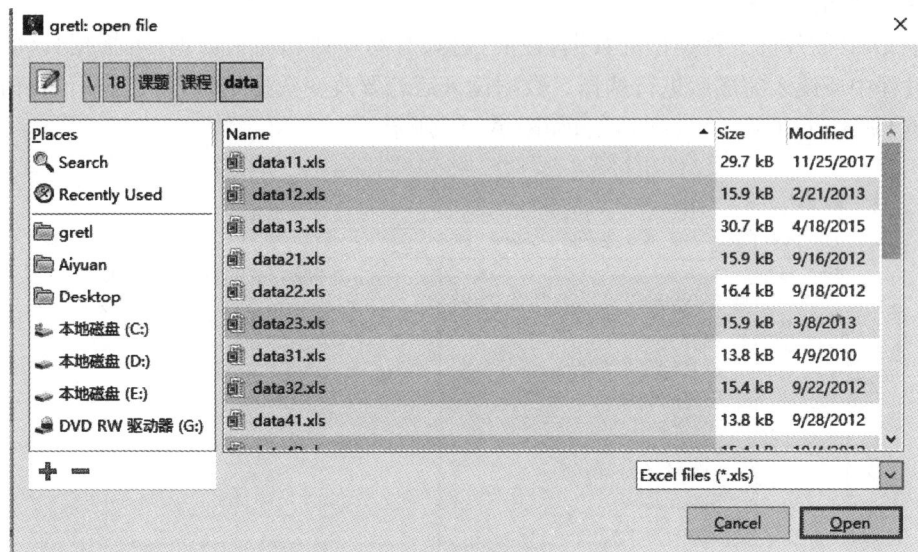

图 A-9　选择外部数据文件

弹出选择外部数据范围窗口，如图 A-10 所示。

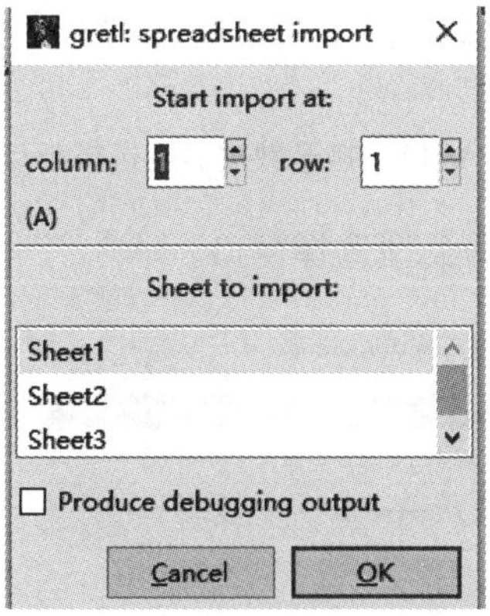

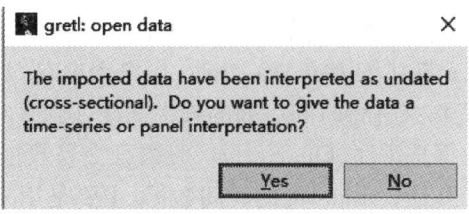

图 A-10　选择外部数据范围

选中数据所在的表单、数据所在的行和列，点击 OK，弹出选择导入的外部数据类别窗口，如图 A-11 所示。

图 A-11　选择导入的外部数据类别

此窗口询问是否要把数据变为时间序列或面板数据,点击 No,解释为截面数据。

3. 数据的有关处理

1) 数据类型的选择和变更

对于 gretl 软件的三种类型的数据:截面数据、时间序列和面板数据,可根据具体情形,在读入过程中或读入完成后进行选择。数据读入后若要改变数据结构,可以进行这样操作,点击菜单 Data→Dataset structure...,如图 A-12 所示。

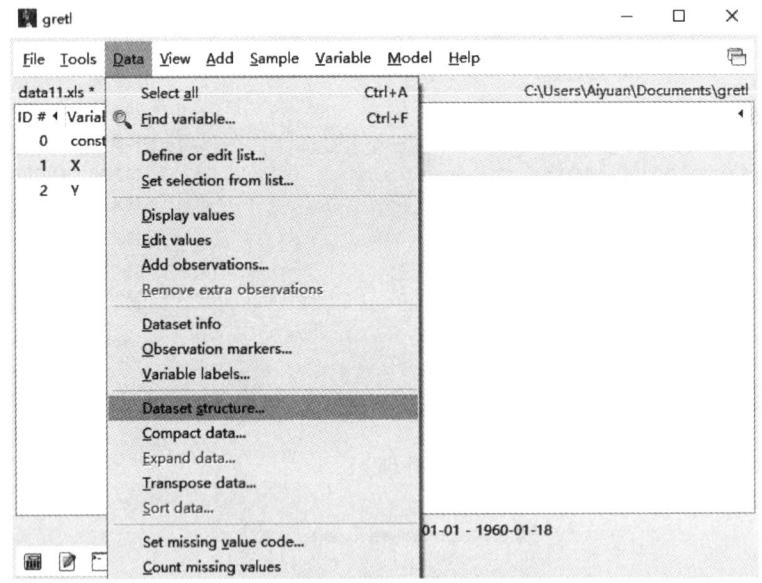

图 A-12　打开数据类型选择窗口

会弹出如图 A-13 所示的数据类型选择窗口。

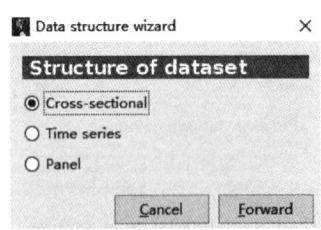

图 A-13　数据类型选择

选择相应的数据类型,根据向导,就可以完成数据类型的变更。

2) 数据频率的选择和转换

在选择时间序列后,要进行数据频率的选择。gretl 软件中时间序列数据的频率分为年度、季度、月度、周、日(分为 5 日、6 日和 7 日)、小时、10 年及其他,如图 A-14 所示。

可以根据具体的数据资料来进行时间序列的频率选择,例如,年度国内生产总值数据选年度(Annual),季度 CPI 数据选季度(Quarterly),股票日交易数据选 5 日(5 days),汇率数据选 6 日(6 days)等。对于其他(Other)类的时间数据,主要是用来考虑日期处理上比较麻烦的一类数据,比如,有节假日的股票数据、执行 Monte Carlo 模拟时的时间频率就可以选

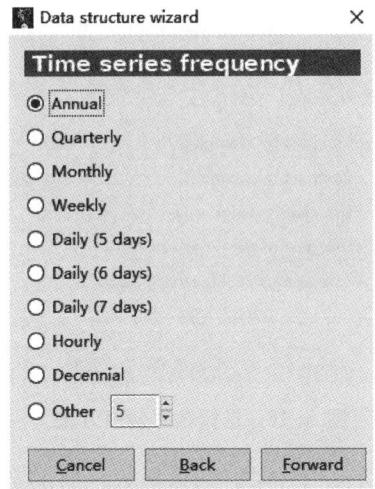

图 A-14　时间序列的频率选择

择"Other"类。

有时根据研究的要求，需要对时间序列进行频率转换。例如，将高频数据转成低频数据，如将日数据变为月度数据，月度数据变为季度数据，季度数据变为年度数据等。

以把日数据转换为月度数据为例，先导入日数据，再点击菜单 Data→Compact data…，如图 A-15 所示。

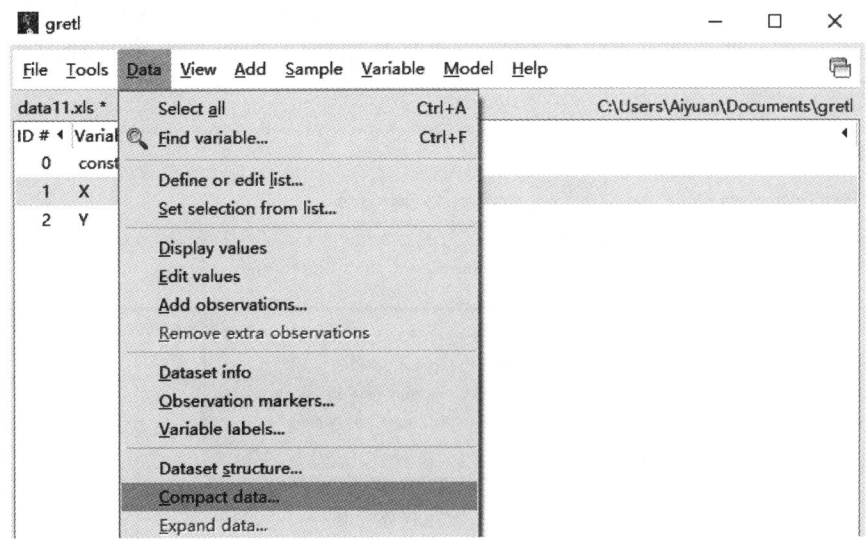

图 A-15　数据频率转换

在弹出窗口中选中"Monthly"，如图 A-16 所示。下面有取平均、加总、期末及期初值等转换方式，结合具体情况选中适合的处理方法。

当然有时也会涉及将低频数据转为高频数据。比如，在研究中其他的变量都是月度数据，而某个变量只有季度数据，这时候需要将这个季度变量数据转为月度数据。这样的转

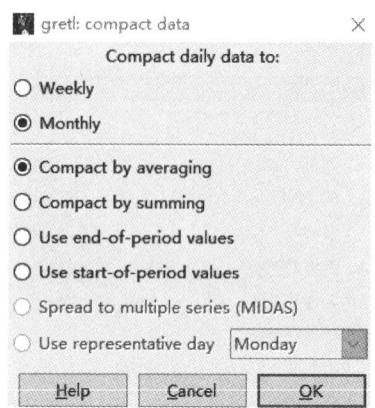

图 A-16 选择数据转换方法

换,通常的做法是利用插值来进行。具体操作时,导入已有的数据,然后在 gretl 软件中点击菜单 Data→Expand data...,来对某个变量进行频率转换。

3) 数据文档的改变

对于输入的数据,有时要根据需要提取部分样本进行分析,如异方差分析中的 Goldfeld-Quanadt 检验;有时则需要增加观测值数目,如样本外预测。gretl 软件对于进行子样本的选择和观测值数目的增加都是比较方便的。

子样本的选择,可根据样本范围选择,点击菜单 Sample→Setrange...,如图 A-17 所示。或者是根据条件来选择,如只取某个变量的值符合一定条件的样本,可以选择 Restrict, based on criterion...,也可以随机抽样 Random sub-sample...,或重复抽样 Resample with replacement...,等。对于执行子样本选择后,要恢复原来的数据文档,则选择 Restore full range 即可。

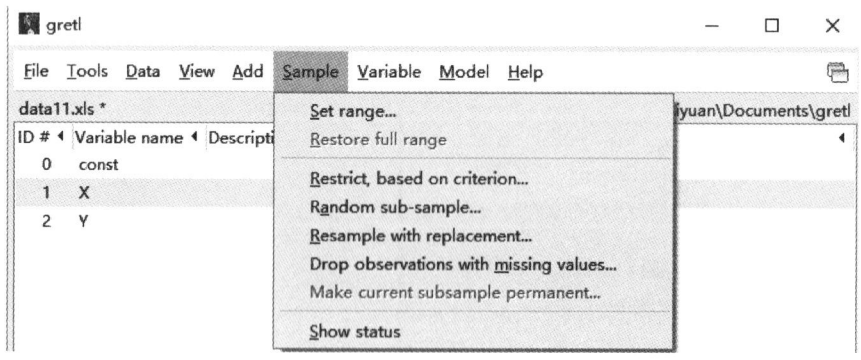

图 A-17 设定样本范围

增加观测值数目,可点击菜单 Data→Add observations...,如图 A-18 所示。

在弹出的窗口中填入要增加的数目,如图 A-19 所示,点击 OK 即可。

若增加一个观测值,则原先数据文档中所有变量的最后都增加了一个观测值。双击打开某个变量,在这个变量窗口中点击图标 编辑数据,在 edit...窗口中输入数据后点击图标 (操作时把光标移动到其他位置,等这个图标由灰变绿后才可以点击)。这样可以依次对每个变量的观测值进行添加。

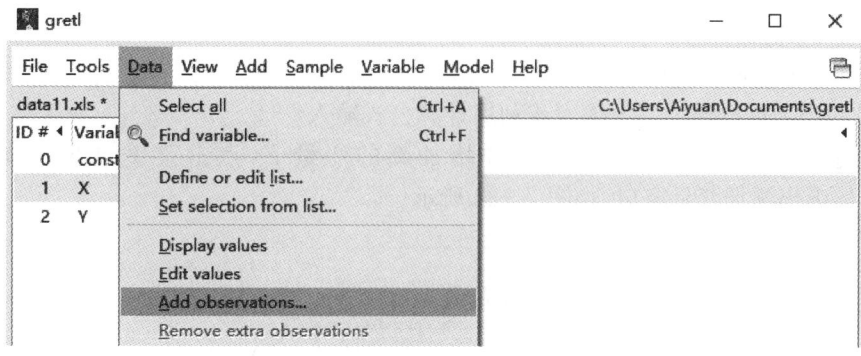

图 A-18　增加观测值

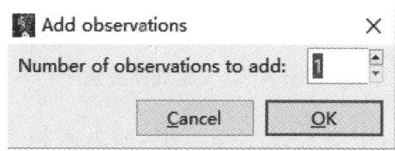

图 A-19　增加观测值的数目

如果觉得如此操作有点麻烦,那么也可以对所有变量同时进行编辑,在主窗口中点击菜单 Data→Select all,如图 A-20 所示。

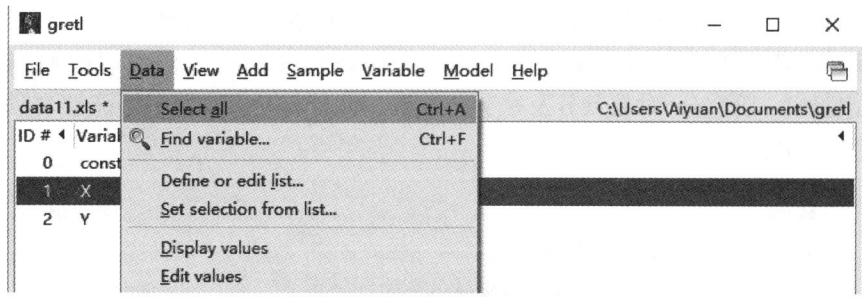

图 A-20　选择所有变量数据

再点击菜单 Data→Edit values,如图 A-21。

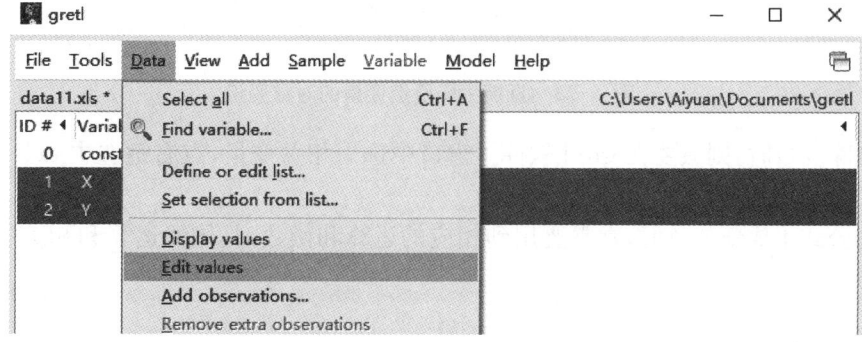

图 A-21　编辑所有变量

在弹出的窗口中输入最后一个观测值的数据(对因变量进行外推预测时,因变量 y 值不用输入),点击图标 ![icon]。

4) 变量的添加和删除

变量的添加可以通过手工输入或利用计算公式输入。

利用手工输入。例如,研究中需要增加新的变量 Z,点击菜单 Add→Define new variable...,弹出添加变量窗口,如图 A-22 所示。

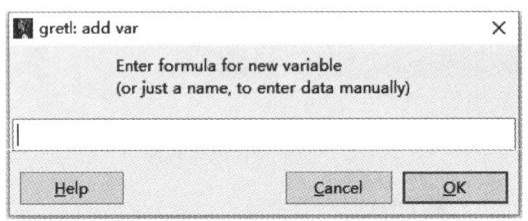

图 A-22　添加新变量

在如图 A-22 所示的窗口中填入 Z,点击 OK,接下来和前面手工读入数据一样,给变量 Z 赋值。

而利用计算公式输入,只要在如图 A-22 所示的编辑栏中填入公式即可。如取变量 Y 的对数,填入:$LY=\log(Y)$,即产生变量 LY,为变量 Y 的对数。也可以在 gretl 软件的菜单中直接选中相关变量取对数,在主窗口中选中 Y,再点击菜单 Add→Logs of selected variables,如图 A-23 所示。这样会在 gretl 软件的主窗口中产生变量 l_Y,为 [l_Y = log of Y]。这种方式也可以产生平方序列变量等。对于时间序列数据,还可以生成滞后变量、一阶差分、对数差分及季节差分等。此外,gretl 软件中还能够自动生成虚拟变量及随机序列变量等。

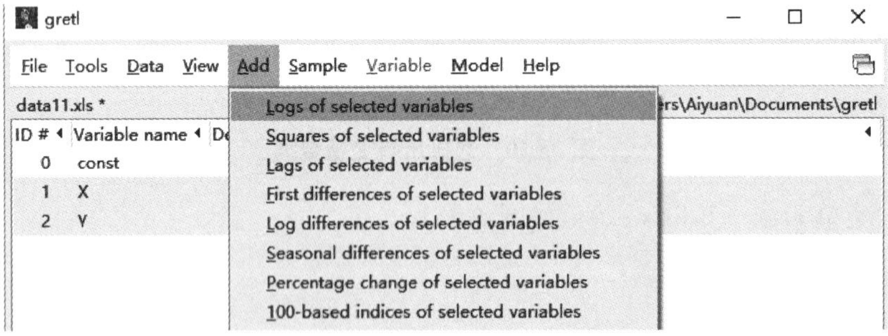

图 A-23　直接生成所选变量的对数变量

而删除变量时,则只要在 gretl 软件主窗口中选中相关变量,点右键选中 delete,或按键盘上的 Delete 键即可。

利用公式生成新变量时,常常要用到相应的运算和函数,具体的运算和相关的函数,参见第四节。

三、作图

gretl 软件的作图依赖于另一个开源软件 GNUplot,windows 版本下的 gretl 软件依据

wgnuplot 软件来进行数据可视化操作,wgnuplot 软件在 gretl 软件的同一目录中。有关 gnuplot 软件的详细资料,可以参见该软件的网站:www.gnuplot.info。

gretl 软件中可以作时序图(时间序列)、散点图、脉冲图、分因子图(对于不同因子的 X、Y 散点图)、控制变量图、盒形图、因子盒形图、QQ 图、3D 图等,如图 A-24 所示。

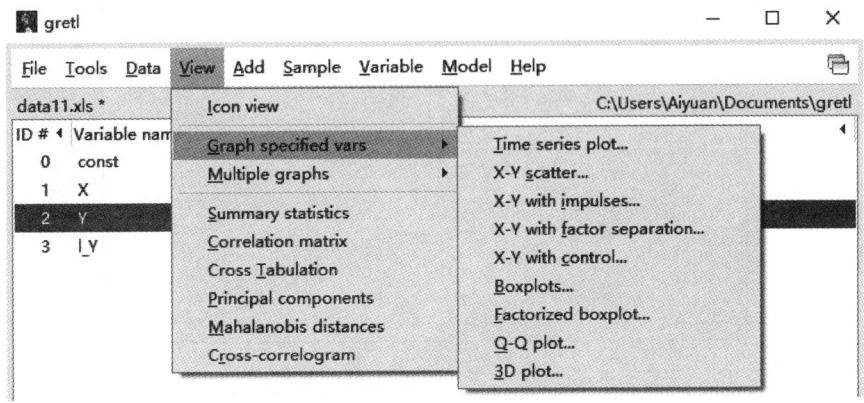

图 A-24　图形类别

1. 常见的概率分布图

gretl 软件可以比较方便地绘制常见的概率分布图,如正态分布图、t 分布图、卡方分布图及 F 分布图等。

例如,作自由度为 1 的 t 分布和标准正态分布概率密度函数图,在 gretl 软件中可以这样操作,点击菜单 Tools→Distribution graphs,弹出选择分布窗口,如图 A-25 所示。

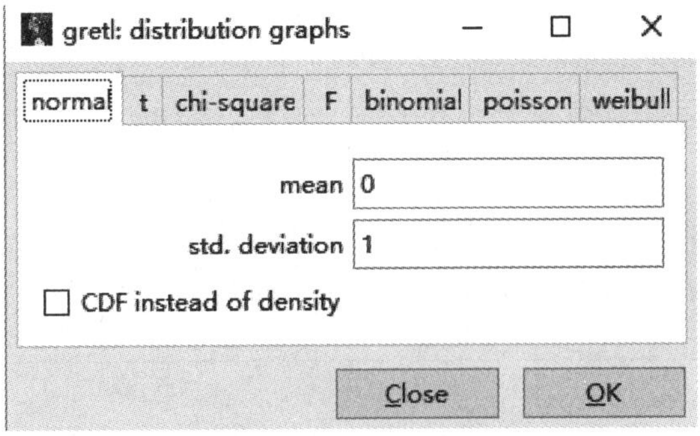

图 A-25　选择分布

选择 t,自由度填 1,点击 OK 即可得到自由度为 1 的 t 分布图,如图 A-26 所示。

在如图 A-26 所示的窗口中点击鼠标右键,选择 Add another curve…,会出现如图 A-25 所示的选择分布界面,在其中选"normal",点击 OK,这样就得到自由度为 1 的 t 分布和标准正态分布在一起的图形,如图 A-27 所示。

若作累积分布函数,则勾选"CDF instead of density"前的小方框中即可,如图 A-28 所示。

点击 OK,得到窗口如图 A-29 所示。

图 A-29 中有几个选项,选第一个就得到了标准正态分布函数图,如图 A-30 所示。

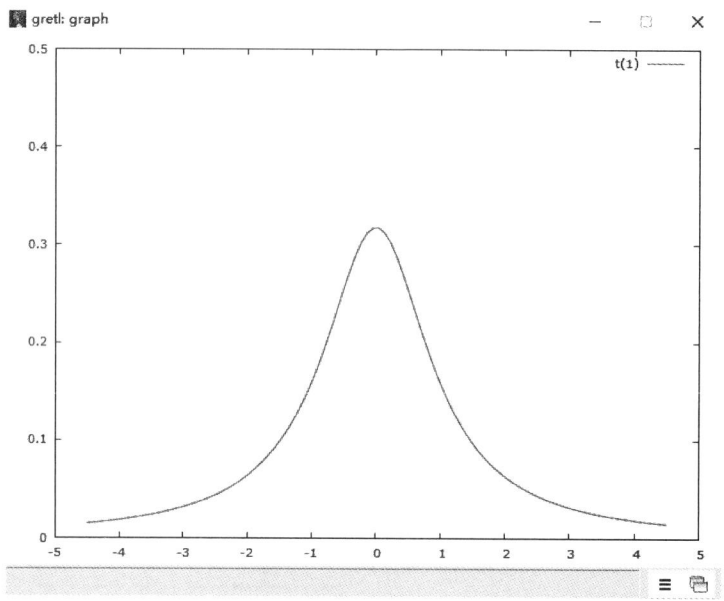

图 A-26 自由度为 1 的 t 分布图

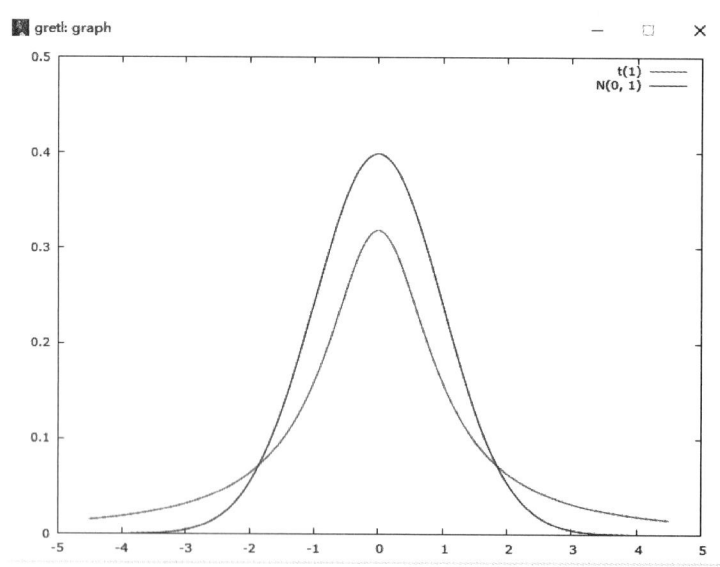

图 A-27 自由度为 1 的 t 分布和标准正态分布图

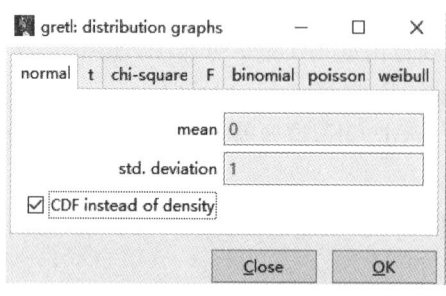 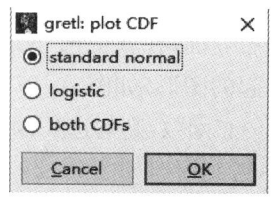

图 A-28 选择累积分布函数　　图 A-29 选择标准正态分布

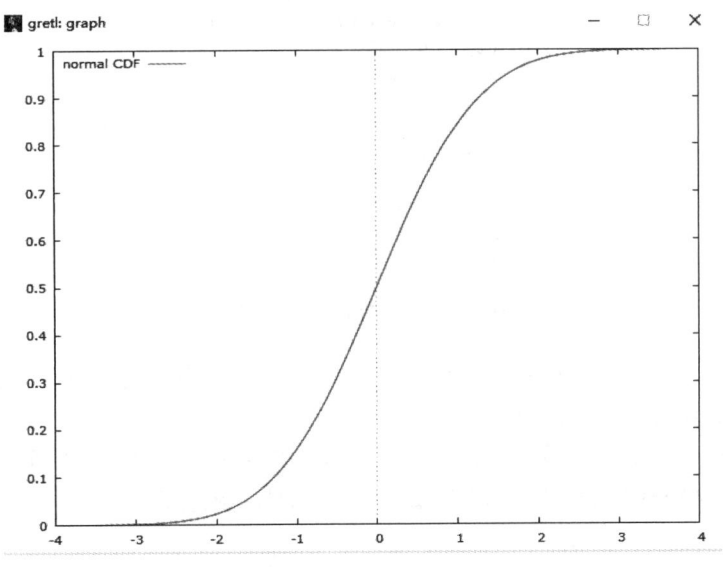

图 A-30　标准正态分布函数图

若在图 A-29 中选最下面的选项,则得到标准正态分布函数和 logistic 函数图,如图 A-31 所示。这两个函数在第九章分类选择模型中的 Probit 和 Logit 模型中有所应用,这两个函数的图形比较相似,取值范围都是 0～1。

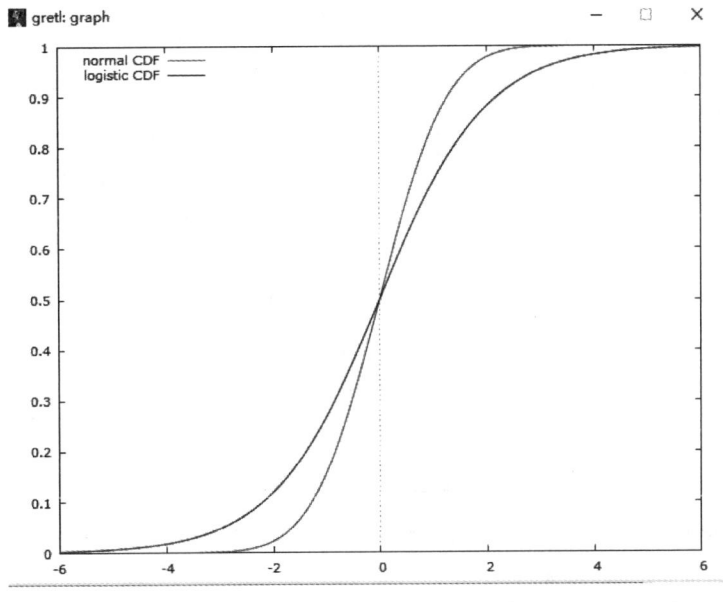

图 A-31　标准正态分布函数和 logistic 函数图

在如图 A-31 所示的窗口中点击右键可以选择保存或打印图形等,如图 A-32 所示。图形可以保存的格式有多种,如 Window smetafile、PNG、postscript 及 PDF 格式等,以备后续编辑使用。

2. 多重绘图(Multiple graphs)

gretl 软件中也可以很方便地制作多个图,共有两种作图选项——散点图和时序图,只

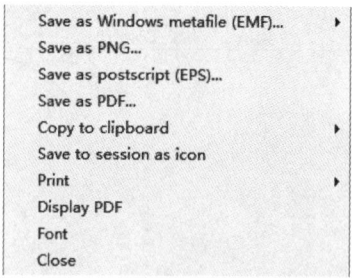

图 A-32　图形保存和打印

要在主窗口菜单 View→Multiple graphs 下选择一种即可。当然前提条件是需要先导入相关数据，这和前面作分布函数图有所不同。

以 gretl 软件自带的数据文件 broiler.gdt 为例，作变量 PCOR、PF、CPI 和 QPRODA 对 TIME 的散点图，及变量 PCOR、PF、CPI 和 QPRODA 的时序图，分别如图 A-33 和图 A-34 所示。

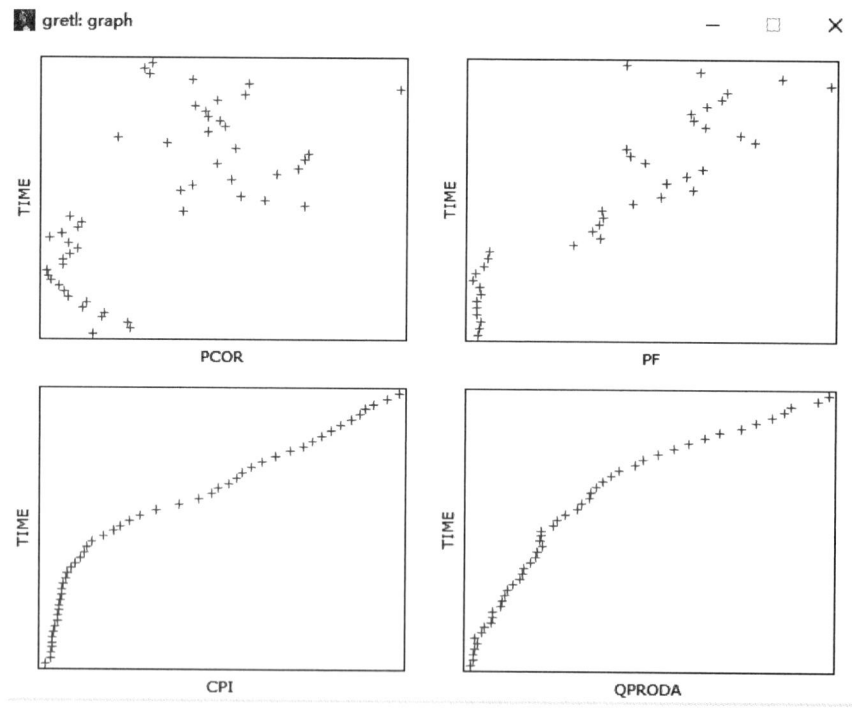

图 A-33　多重散点图

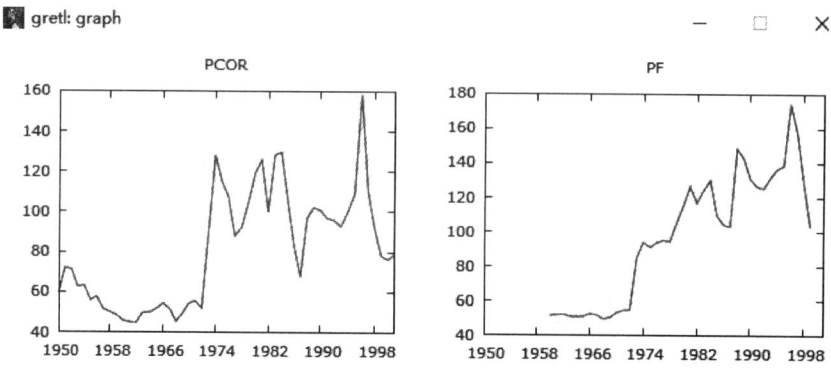

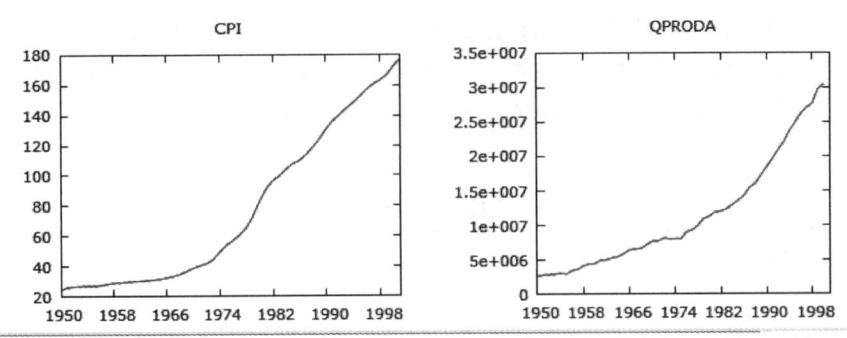

图 A-34　多重时序图

3. 三维图

gretl 软件可以制作三维图，而且可以进行旋转，只要鼠标放置在图形区域，就可以移动鼠标进行适当的旋转，以便更为清楚直观地揭示出变量之间的依存关系。变量 PCOR、PF、CPI 的三维图，如图 A-35 所示。

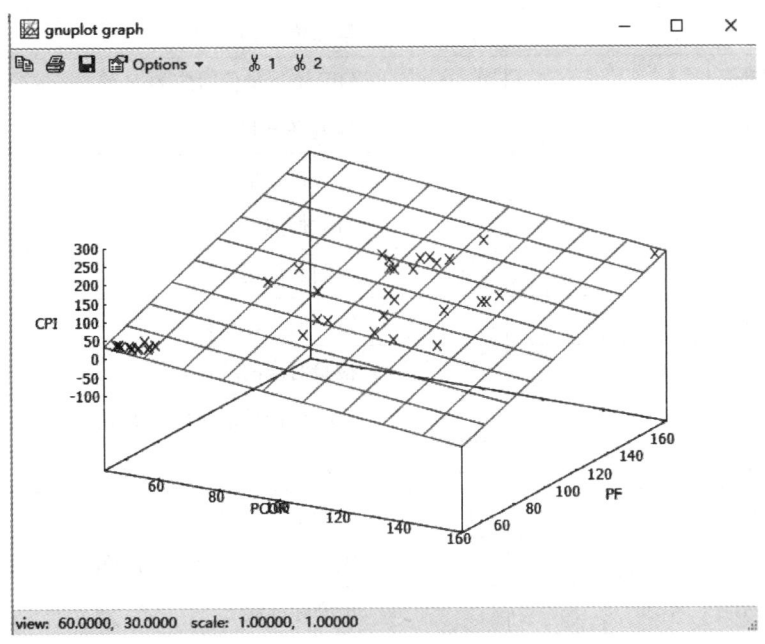

图 A-35　三维图

四、常用运算符号和函数

1. 常用运算符号

gretl 软件中可以进行一般的数学运算，如加、减、乘、除及乘方等运算，符号分别表示为：＋、－、＊、/及＾等，判断符号如＝、＞、＜、＞＝、＜＝及＜＞等，分别表示等号、大于、小于、大于等于、小于等于及不等号。

2. 自带函数

gretl 软件中的自带函数大体分为两类：一类为内置函数（见表 A-1），这些内置函数在模型拟合之后可以直接调用有关结果,函数开头有符号"$",后面跟相应函数名称。另一类为数学和统计类函数,主要进行一些数学运算和统计分析,如果这些函数不能满足实际分析的需要,还可以在 gretl 软件中调用 R 或 OX 等软件来进行分析,再把结果回传到 gretl 软件中。

表 A-1　　　　　　　　　　gretl 软件常用内置函数函数

内置函数名称	功　　能
$ coeff	读取模型系数
$ coeff(X1)	读取变量 X1 的系数
$ nobs	所选(子)样本个数
$ ncoeff	估计模型的参数个数
$ stderr(X1)	变量 X1 的标准误
$ T	取出样本个数
$ aic、$ bic、$ hqc	读取赤池等信息准则结果
$ df	读取模型的自由度
$ dwpval	DW 统计量值对应的 P 值
$ ess	残差平方和
$ Fstat	F 统计量值
$ lnl	对数似然值
$ sigma	回归标准误
$ rsq	回归的决定系数
$ test	检验对应的统计量值
$ pvalue	检验统计量值对应的 P 值
$ uhat	残差
$ yhat	因变量预测值
$ fcast	跟在估计的模型后得到预测值
$ fceff	预测标准误
$ rho	残差的一阶自回归系数
$ xlist	取得自变量的列表(单方程)

若要进一步了解 gretl 软件中的数学和统计类函数,可以在 gretl 软件主窗口中点击菜单 Help→Command reference,如图 A-36 所示,打开命令参考文档查看。

3. 自定义函数

除了自带函数外,gretl 软件中可以自行定义函数。函数语法如:

function return-type function-name(parameters)

function body

end function

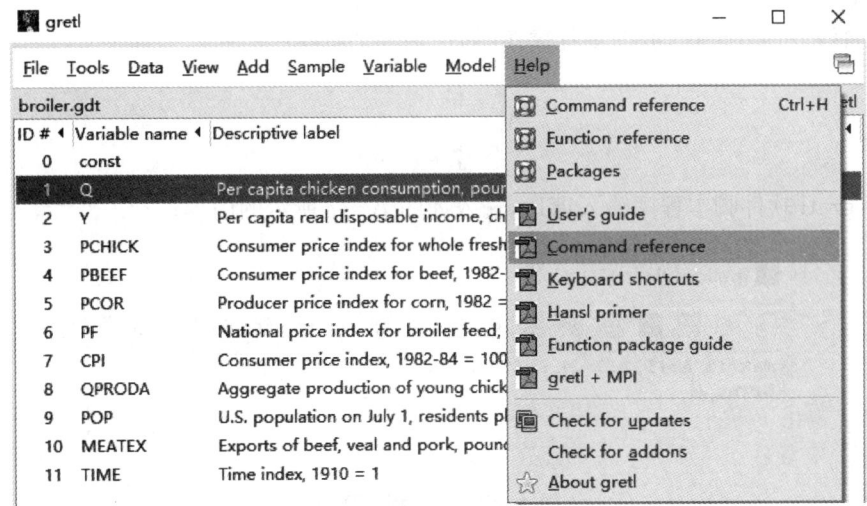

图 A-36　查看命令参考文档

这里依次来说，function 是关键词。return-type 为函数回传的值的类型，可以为数、序列、矩阵、列表、字符串或者不回传任何东西及多种类型的组合。function-name 为给出的函数名，命名须和 gretl 软件已有函数名不同。parameters 为参数，可以是序列、矩阵、列表和字符串等，放在括号内，每个对象用逗号隔开。functionbody 为具体所写的函数。endfunction 是函数结束的标志。

下面是 gretl 软件指南中的一个函数例子，这个函数是产生线性回归模型的残差平方和，由此可以了解一个函数的具体写法。

```
function scalar ols_ess(seriesy,list xvars)
ols y 0 xvars--quiet
scalar myess =$ess
printf "ESS = %g\n", myess
return myess
end function
```

♯这样，在 gretl 软件脚本程序窗口中先插入此函数，后面可以直接使用该函数，例如：

```
function scalar ols_ess(seriesy,list xvars)
ols y 0 xvars--quiet
scalar myess =$ess
printf"ESS = %g\n", myess
return myess
end function
open E:\data\data12.xls
list xlist = 2 3
ols_ess(NPLR, xlist)
```

结果就得到线性回归模型的残差平方和。

五、矩阵操作

gretl 软件可以进行一般的矩阵操作，如建立一个矩阵：

$$A = \begin{bmatrix} 1 & 2 & 3 \\ 4 & 5 & 6 \\ 7 & 8 & 9 \end{bmatrix}$$

打开 gretl 软件脚本程序输入窗口，输入如图 A-37 所示的内容。

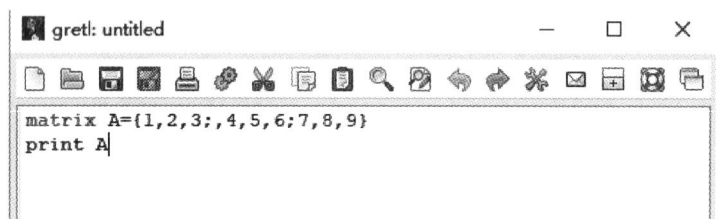

图 A-37　脚本程序窗口

点击 run 按钮图标，A 矩阵打印结果，如图 A-38 所示。

```
gretl version 2018a
Current session: 2018-08-12 16:18

? matrix A={1,2,3;4,5,6;7,8,9}
Generated matrix A
? print A
A (3 x 3)

   1   2   3
   4   5   6
   7   8   9
```

图 A-38　A 矩阵打印结果

实际上，gretl 软件中可以进行一系列的矩阵代数运算，这里不一一列举。gretl 软件中常用的矩阵函数，如表 A-2 所示。

表 A-2　　　　　　　　　　　　　　矩阵函数

函　　数	功　　能
cols(A)	列数
rows(A)	行数
A' 或 transp(A)	转置
rank(A)	秩
det(A)	矩阵行列式
tr(A)	迹
rcond(A)	条件数
onenorm(A)	矩阵各列绝对值和的最大值－1 范数
infnorm(A)	矩阵各行绝对值和的最大值－无穷范数

(续表)

函　数	功　能
inv(A)	逆
eigengen(A)	特征值
mols	矩阵 OLS
qrdecomp	QR 分解
svd(A)	奇异值分解

利用矩阵方法进行 OLS 估计,以[案例 1.2]为例。打开 gretl 软件脚本程序窗口,输入如下内容:

```
open E:\data\data12.xls
matrix X = {const,LGDP,EX}
matrix y = {NPLR}
matrix b = invpd(X'X) * X'y
print "estimated coefficient vector"
b
matrix u = y - X * b
scalar SSR = u'u
scalar s2 = SSR/(rows(X) - rows(b))
matrix V = s2 * inv(X'X)
V
matrix se = sqrt(diag(V))
print "estimated standard errors"
se
```

或直接采用 OLS 函数:

```
ols NPLR const LGDP EX --vcv
```

运行的结果分别如图 A-39 和图 A-40 所示。

由图 A-39 和图 A-40 比较运行结果 a 和运行结果 b,可以看到结果是完全一致的。

六、最大似然估计

gretl 软件中函数 mle 可以实施最大似然估计。一般地,满足基本假定的线性回归模型中,普通最小二乘估计和最大似然估计得到的参数估计结果是一致的,这里再次利用[案例 1.2]的数据给予证实。在 gretl 软件脚本程序窗口中输入:

```
open E:\data\data12.xls
scalar sigma = 30
scalar b0 = 300
scalar b1 = -10
scalar b2 = -0.5
```

```
                    b (3 x 1)

                        338.55
                       -26.870
                       -0.049531

? matrix u=y-X*b
Generated matrix u
? scalar SSR=u'u
Generated scalar SSR = 27.5057
? scalar s2=SSR/(rows(X)-rows(b))
Generated scalar s2 = 1.37529
? matrix V=s2*inv(X'X)
Generated matrix V
? V
V (3 x 3)

          1973.8        -139.47       -0.59407
         -139.47          9.9115       0.041181
         -0.59407         0.041181     0.00019005

? matrix se=sqrt(diag(V))
Generated matrix se
? print "estimated standard errors"
estimated standard errors
? se
se (3 x 1)

          44.428
           3.1482
           0.013786
```

图 A-39　运行结果 a

```
Model 3: OLS, using observations 1-23
Dependent variable: NPLR

              coefficient   std. error    t-ratio    p-value
  -----------------------------------------------------------
  const        338.552      44.4275        7.620     2.45e-07  ***
  LGDP         -26.8697      3.14825      -8.535     4.23e-08  ***
  EX            -0.0495313   0.0137858    -3.593     0.0018    ***

Mean dependent var    8.307826    S.D. dependent var    4.304904
Sum squared resid    27.50570    S.E. of regression    1.172726
R-squared             0.932536    Adjusted R-squared    0.925789
F(2, 20)            138.2269     P-value(F)            1.95e-12
Log-likelihood      -34.69293    Akaike criterion     75.38585
Schwarz criterion    78.79234    Hannan-Quinn         76.24257

Covariance matrix of regression coefficients:

         const            LGDP             EX
       1973.81         -139.468        -0.594067   const
                          9.91146       0.0411809  LGDP
                                        1.90047e-04 EX
```

图 A-40　运行结果 b

mle logl = −ln(sqrt(2∗pi))−ln(sigma)−(NPLR−b0−b1∗LGDP−b2∗EX)^2/(2∗sigma^2)

params b0 b1 b2 sigma

end mle

或直接采用普通最小二乘估计：

Model1<- ols NPLR 0 LGDP EX

运行的结果如图 A—41 所示。

```
Model 1: ML, using observations 1-23
logl = -ln(sqrt(2*pi))-ln(sigma)-(NPLR-b0-b1*LGDP-b2*EX)^2/(2*sigma^2)
Standard errors based on Outer Products matrix

              estimate      std. error       z         p-value
  ------------------------------------------------------------
  b0          338.561       42.6199        7.944     1.96e-015  ***
  b1          -26.8703      2.98639        -8.998    2.31e-019  ***
  b2          -0.0495339    0.0136678      -3.624    0.0003     ***
  sigma       1.09357       0.257540       4.246     2.17e-05   ***

Log-likelihood    -34.69293    Akaike criterion     77.38585
Schwarz criterion  81.92783    Hannan-Quinn         78.52815

? Model1 <- ols NPLR 0 LGDP EX

Model1: OLS, using observations 1-23
Dependent variable: NPLR

              coefficient    std. error     t-ratio    p-value
  ------------------------------------------------------------
  const       338.552        44.4275        7.620      2.45e-07  ***
  LGDP        -26.8697       3.14825        -8.535     4.23e-08  ***
  EX          -0.0495313     0.0137858      -3.593     0.0018    ***

Mean dependent var    8.307826    S.D. dependent var    4.304904
Sum squared resid     27.50570    S.E. of regression    1.172726
R-squared             0.932536    Adjusted R-squared    0.925789
F(2, 20)              138.2269    P-value(F)            1.95e-12
Log-likelihood        -34.69293   Akaike criterion      75.38585
Schwarz criterion     78.79234    Hannan-Quinn          76.24257
```

图 A-41 最大似然估计和最小二乘估计结果

可以看到参数估计结果，两者基本一致。

七、MonteCarlo 模拟

计算机里所有分布的随机数都是由均匀分布中抽取，再进行相应转换而得到。一个简单产生随机数的方法为同余法：

$$X_j = (kX_{j-1}+c) \bmod m, j=1,\cdots,J$$

这里 k、c 和 m 都是正整数，mod 为模操作，这样 $R_j = X_j/m$ 就是 J 个 0 到 1 之间的值构成的一个序列。

使用 32 位数算法，$m=2^{31}-1$，最大周期值接近 2.1×10^9。选择最优的 k、c 和 X_0，方可达到这个最大值。如果选择不当，序列将频繁重复。

也就是说，这些值不是真正意义上的随机数。如果用同样的 X_0 开始取随机数，那么就会抽取同样的随机数序列，X_0 也被称为随机数的种子数。不过，这样操作也有好处，为了确保程序产生一样的结果，可以取定一个种子数，使得模拟的结果可以再现和可验证。

如果没有指定种子数，这个种子数将从当天时间中选择，精确到毫秒。因此，即使你在第二天同一时间点运行程序，也不会用一样的种子数。

利用 gretl 软件可以进行 MonteCarlo 模拟，这里以线性回归模型 $Y=\beta_0+\beta_1 X+\varepsilon$ 为例来作简单介绍，对线性回归模型参数 β_1 的最小二乘估计结果进行模拟，来验证最小二乘估计量是否服从正态分布。模拟中给定了种子数，因此，这个结果可以在不同电脑中得到重现。

在 gretl 软件脚本程序窗口输入如下内容：

nulldata 15

set seed 2018

loop 2000--progressive--quiet

series X = {8.8,8.6,9.8,8.2,9.8,8.5,9.5,9.2,8.9,8.6,9.9,10.1,10.0,10.4,10.1}

genr Y = 2 + 5 * X + 5 * normal()

ols Y const X

genr b1 =$coeff(X)

print b1

store e:\coeff.gdt b1

endloop

open e:\coeff.gdt

normtest b1--jbera

运行的结果如图 A-42 所示。

```
OLS estimates using the 15 observations 1-15
Statistics for 2000 repetitions
Dependent variable: Y

                    mean of      std. dev. of    mean of      std. dev. of
                   estimated      estimated    estimated      estimated
        Variable  coefficients  coefficients  std. errors    std. errors

           const     2.24746       17.4219      17.3586        3.40323
               X     4.97364        1.85457      1.84958        0.362618

Statistics for 2000 repetitions

                    mean        std. dev
            b1     4.97364       1.85457

store: using filename e:\coeff.gdt
wrote e:\coeff.gdt
# 打开数据文件
? open e:\coeff.gdt

Read datafile e:\coeff.gdt
periodicity: 1, maxobs: 2000
observations range: 1 to 2000

Listing 2 variables:
  0) const    1) b1

# 正态性检验coeff.gdt
? normtest b1 --jbera
Test for normality of b1:
 Jarque-Bera test = 1.31665, with p-value 0.517719
```

图 A-42　模拟结果

由图 A-42 可以看到,模拟得到的截距项为 2.247 46,斜率项为 4.973 64,和参数真实的值 2 及 5 非常接近。而且参数 β_1 估计 b_1 的正态性检验结果表明,不能拒绝 b_1 服从正态分布的原假设,和理论相吻合。另外,模拟得到的 b_1 的标准差为 1.854 57,方差为 3.439 43,而基于理论计算的结果为 3.533 07,两者也是很接近,模拟的结果和理论结果基本相符。通过对回归参数估计的模拟,有助于学生对计量经济理论的理解和掌握。

$$Var(b_1) = \frac{\sigma^2}{\sum (X - \overline{X})^2} = 3.533\ 07$$

参考文献

1. 陈毅恒.时间序列与金融数据分析[M].北京:中国统计出版社,2004.
2. 古扎拉蒂.经济计量学精要[M].北京:机械工业出版社,2000.
3. 洪永淼.计量经济学的地位、作用和局限[J].经济研究,2007(5):139-153.
4. 拉姆·拉玛纳山.应用经济计量学[M].北京:机械工业出版社,2003.
5. 李子奈,潘文卿.计量经济学[M].第 3 版.北京:高等教育出版社,2010.
6. 林光平.计算计量经济学:计量经济学家和金融分析师 GAUSS 编程与应用[M].北京:清华大学出版社,2003.
7. 刘国旗.多重共线性的产生原因及其诊断处理[J].合肥工业大学学报(自然科学版),2001,24(4):607-610.
8. 罗伯特 S.平狄克,丹尼尔 L.鲁宾费尔德,平狄克,等.计量经济模型与经济预测[M].北京:机械工业出版社,1999.
9. 孙敬水.计量经济学[M].第 3 版.北京:清华大学出版社,2014.
10. 陶爱元.金融时序的波动率模型比较研究[J].统计与决策(8s),2005:9-11.
11. 陶爱元,沈学桢.金融时序波动性和时变相关性分析[J].上海经济研究,2006(12):70-75.
12. 陶爱元.中国经济增长对能源的依赖程度分析[J].统计与决策,2007(2):68-69.
13. 童恒庆.理论计量经济学[M].北京:科学出版社,2005.
14. 张晓峒.计量经济学软件 EViews 使用指南[M].天津:南开大学出版社,2003.
15. Adkins L. Using gretl for Principles of Econometrics [EB/OL]. 4th Edition. http://www.learneconometrics.com/gretl.html.
16. Cottrel A, Lucchetti R J. Gretl User's Guide, GNU Regression, Econometrics and Time-series Library Web-DOC[EB/OL].2018[2018-9-11].http://gretl.sourceforge.net/gretl-help/gretl-guide.pdf.
17. Dickey D A, Fuller W A. Distribution of the estimators for autoregressive time series with a unit root [J]. Journal of the American Statistical Association,1979,74(366):427-431.
18. Eric Zivot,Jiahui Wang.Modeling Financial Time series with S-PLUS®[M].New York:Springer,2006.
19. Greene W.Econometric analysis[M].7th Edition. New Jersey:Pearson Prentice Hall,2012.
20. Kwiatkowski D, Phillips P C B, Schmidt P, et al. Testing the null hypothesis of stationarity against the alternative of a unit root:how sure are we that economic time series have a unit root?[J]. Journal of Econometrics,1992,54(1-3):159-178.
21. 杰弗里·M·伍德里奇.计量经济学导论:现代方法[M].第 6 版.北京:清华大学出版社,2017.